_____ 님의 소중한 미래를 위해
이 책을 드립니다.

왜
나는 늘 허전한 걸까

허전하고 외로운
이들을 위한 위로와 공감

왜
나는
늘 허전한 걸까

조영은 지음

소울메이트

소울메이트 우리는 책이 독자를 위한 것임을 잊지 않는다.
우리는 독자의 꿈을 사랑하고,
그 꿈이 실현될 수 있는 도구를 세상에 내놓는다.

왜 나는 늘 허전한 걸까

초판 1쇄 발행 2013년 7월 12일 | **지은이** 조영은
펴낸곳 ㈜원앤원콘텐츠그룹 | **펴낸이** 강현규 · 박종명 · 정영훈
책임편집 봉선미 | **편집** 최연정 · 이현실 · 이승민 · 김나윤 · 장미연
디자인 윤수경 · 홍경숙 | **마케팅** 김주범 · 박지영 · 김서영
등록번호 제301-2006-001호 | **등록일자** 2013년 5월 24일
주소 100-826 서울시 중구 다산로22길 10, 4층(신당동, 재덕빌딩) | **전화** (02)2234-7117
팩스 (02)2234-1086 | **홈페이지** www.1n1books.com | **이메일** khg0109@1n1books.com
값 15,000원 | **ISBN** 978-89-6060-289-2 03180

소울메이트는 ㈜원앤원콘텐츠그룹의 인문 · 사회 · 예술 · 실용 브랜드입니다.

이 도서의 국립중앙도서관 출판시도서목록(CIP)은 e-CIP홈페이지(http://www.nl.go.kr/ecip)에서
이용하실 수 있습니다.(CIP제어번호 : CIP2013010089)

우리가 숨기려고 하는 것은
우리의 추악한 면이나 사악함이 아니라
우리의 마음속에 존재하는 허전함이다.

• 에릭 호퍼(철학자) •

길 잃은 당신에게
따뜻한 위로와 치유를!

타인의 마음을 치유하는 심리학자가 되고 싶다는 생각을 처음 하게 된 것은 고교시절이었습니다. 치열하게 성적 경쟁을 하던 친구가 스스로 목숨을 끊은 이후, 승승장구하는 엘리트가 될 것이라 믿으며 모범생으로 살아왔던 삶에 의문이 생겼습니다. 어린 마음에 스스로에게 이런 질문을 하곤 했지요. 앞으로 어떻게 살아야 할까? 타인과 경쟁해 이기며 나만 잘 사는 게 아니라, 주변 사람들을 돌보고 따스한 마음을 나누며 상생해야 한다고 느꼈습니다. 가능하면 내 직업이 타인을 돕고 치유하는 일이었으면 좋겠다는 꿈을 품은 것이지요. 청소년기에 마음이 무거운 날이면 서점에 가서 책을 읽었습니다. 마음이 가장 이끌리는 것은 심리학 서적이었습니다. 마음을 다스리는 법, 타인에 대해 공감하는 법, 자살 위험에 처한 사람을 돕는 법 등 다양한 심리학 서적은 평소 품은 의문들에 지혜로운 답을 주곤 했고, 재미도 있었습니다. "그래, 임상심리학자가 되어서 마음이 아픈 이들을 위해 살아가자. 그리고 여러 사람들에게 힘이 될 수 있는 책을 쓰자." 라고 마음먹었습니다. 그때의 마음은 지금도 이어지고 있습니다.

저는 꿈을 이루어 상담실에 찾아오는 상처받은 이들을 만나는 삶을 살고 있습니다. 수많은 사람들의 인생사를 들으며, 함께 아픈 마음을 공유하고 마음을 다잡으며 성장해갑니다. 심리 상담가로서의 삶은 고통으로 점철된 사람들의 과거를 함께 들여다보고 공감하는 과정을 수반합니다. 안타까운 애도의 과정을 거치며, 따스한 존중과 수용 속에서 누군가 치유되어 가는 과정을 지켜본다는 것이 큰 보람으로 느껴집니다.

이렇듯 내담자의 삶을 들여다보며 함께 성장하는 삶 속에서 더 많은 사람들을 만날 수 있다면 좋겠다는 생각이 들었습니다. '한 사람과의 깨달음을 더 많은 이들과 공유할 수 있다면, 그리고 이 지식과 지혜를 더 널리 나눌 수 있다면 좋을 텐데.'라는 바람이 이렇게 한 권의 책으로 탄생했습니다.

오늘날 수많은 현대인은 과거의 트라우마와 마음의 상처에 시달립니다. 외로워서 사람을 찾다가도, 더 가까워지면 고슴도치처럼 서로의 모난 부분에 상처받아 힘겨워하고 움츠러듭니다. 결국 외톨이가 되어 우울증에 걸리기도 하고, 공황발작을 겪기도 합니다. 자신의 못난 얼굴이 싫다며 성형중독에 빠지기도 하고, 삶의 희망을 더이상 찾을 수 없다며 극단적인 죽음을 생각하기도 합니다. 과거에 겪은 충격적인 사건이 악몽으로 지속되기도 하고, 자신을 잘 보살펴주지 못한 부모에 대한 분노에 시달리기도 합니다. 고통스러운 현실을 잊기 위해 술이나 게임으로 도피하며, 분노를 참고 참다가 화병에 걸리거나 배우자와의 관계가 틀어지기도 합니다.

삶이 늘 평온할 수는 없습니다. 하지만 이토록 고통스러운 것이 삶이라면 우리는 어떻게 살면 좋을까요? 자신감이 부족해서 늘 움츠리며 살아가고 있다면, 삶을 피폐하게 만드는 우울과 공허의 늪에서 빠져나오기 힘들다면 어떻게 해야 할까요? 쓸쓸하면서도 정작 누군가에게 다가가기 힘들다면, 혹은 사랑하는 사람과의 파괴적인 관계를 지속하고 있다면 어떻게 해야 할까요? 오래된 연인이 있는데도 여전히 결핍감이 지속된다면 어떻게 해야 할까요? 이런 여러 의문에 대해 심리학과 정신의학이 담고 있는 지혜들을 이 책에서 나누어보고자 했습니다.

이 책은 현대인이 공통적으로 가지고 있는 마음의 상처들을 다루고자 했고, 마음의 병에 대한 정보와 치유를 위한 방법들을 담았습니다. 전문적인 도움을 얻을 수 있는 방법뿐만 아니라 전문가의 도움을 받을 수 없는 상황에서 스스로 자신을 들여다보며 치유하는 과정에 대한 정보도 담았습니다.

책 속의 이야기는 실제 인물의 사례는 아니지만, 제가 경험한 여러 상담 사례를 재구성한 것입니다. 수많은 사람들의 경험을 한데 모아 독자 입장에서 마음의 병이 생기는 과정부터 현재의 증상까지 생생하게 경험해볼 수 있도록 구성해보았습니다. 복잡한 인생의 숲길에서 표지판을 찾고 있는 독자 여러분께 도움이 되기를 기원합니다.

조영은

Contents

PART 1

사랑하는데도
왜 나는 늘 외로운 걸까? •사랑에 대해•

PART 2

빠져들어도
왜 나는 늘 허전한 걸까? • 집착과 중독에 대해 •

PART 3

노력해도 왜 나는
늘 만족스럽지 못한 걸까? •불만족과완벽함에대해•

\- \- \-

사랑할 때 당신은 행복한가요? 사랑하는 이가 곁에 있는데도 마음이

허전하진 않은가요? 늘 상대에게 헌신하며 잘해왔는데, 충분히

사랑받지 못한 채 상처만 받고 있나요? 뜨겁게 사랑했는데, 이제는

그 사랑에 마침표를 찍고 홀로서기를 해야 할 때는 아닌가요? 서로

다른 사람이 만나 사랑한다는 것은 분명 쉽지 않습니다. 연애도

결혼도, 내 마음대로만 되면 좋겠지만 어느덧 불현듯 다가온 사랑은

우리들에게 만만치 않은 인생의 과제로 등장하기도 합니다. 사랑

잘하는 비결, 무엇일까요?

PART 1

사랑하는데도
왜 나는
늘 외로운 걸까?

사랑에 대해

1

나는 왜 연인이 곁에 있어도
외로울까?

회피형 애착과 안정형 애착

"당신은 언젠가 나를 떠날지도 모른다."

"남자친구가 있는데도 외로워요. 저를 사랑한다고는 하는데 연락도
별로 없고, 제가 연락해도 시큰둥해요. 사귀는 게 맞는 건지 잘 모르
겠어요."

지현은 남자친구가 있는데도 여전히 외롭다며 상담실을 찾았다.
지현은 대학 새내기 시절 선배였던 지금의 남자친구에게 첫눈에 반했
다고 한다. 마른 체격에 추운 겨울에도 얇은 가죽 재킷만 한 장 걸치
고 말없이 우수에 찬 눈빛으로 수업을 듣던 그 남자가 그리도 멋지게
보이더란다. 지현은 20대 중반까지 한 번도 여자를 사귀어본 적 없던
복학생 선배에게 먼저 다가갔고, 지현의 끈질긴 구애 끝에 둘은 결국

연인이 되었다. 캠퍼스 커플로 수년을 지내다가 대학을 졸업한 두 남녀는 어느덧 오래된 연인 사이가 되어 있었다. 지현은 때로 결혼을 생각했지만, 한결같이 무심하고 냉담한 남자친구의 태도에 의문이 들곤 했다.

"이 남자, 나를 사랑하는 걸까? 아니면 그저 내가 곁에 있으니까 현상 유지만 하는 걸까?"

연애 초반의 기억은 그렇다. 지현은 남자친구에게 빠져 하루 종일 같이 다니는 것으로도 모자라 상대가 눈에 보이지 않으면 여러 번 전화를 하고 문자메시지를 보냈다. 지현은 후회 없이 열렬히 사랑했다고 기억한다. 하지만 남자친구가 자신을 향해 뜨겁게 불타오른 적이 있었는지는 잘 모르겠단다.

남자친구는 늘 소극적인 태도로 귀찮은 내색을 하기도 했고 자기만의 동굴로 숨기도 했다. 남자친구에게 먼저 헤어지자고 말한 적은 없지만 자신이 다가가면 한 발자국 물러서는 그의 태도에 지현은 상처받기를 반복했다.

남자친구와 오랜 시간 만났지만, 가까워지지 않는 느낌에 지현의 외로움은 갈수록 깊어져갔다. 지현은 남자친구와 남남이 되어 헤어져야 할지, 아니면 여자의 자존심을 버리고 먼저 청혼해야 할지 어려운 선택의 기로에 서 있었다.

애인이 있는데도 외롭다며 많은 사람들이 호소한다. 상대가 나를 사랑하는 건 맞는 것 같은데, 도무지 내 사람이 된 것 같지 않고 겉도는 느낌이 든다는 것이다.

한 남녀는 더이상 가까워지지도 친밀해지지도 않은 연인관계를 유지하면서 마음속으로 이런저런 의문을 품는다. 시간이 흘러도 관계는 견고해지지 않고 언제든 바람 앞에 꺼질 등불처럼 위태롭게 흔들리는 이것이 과연 사랑일까? 이런 사랑이라면 언젠가는 쉽게 사라지지 않을까? 우리가 뜨겁게 불태웠던 열정은 어느날 덧없이 사라지는 것 아닐까? 문득 눈 떠보면 허무하게 재만 남아 있지 않을까? 우리의 관계는 어디를 향해 가고 있는 걸까?

불안정한 관계 속에서 흔들리는 마음은 우리를 불안하게 만들고 사랑에 대한 갈증은 점점 더 커져만 간다. 내 사람이지만 온전히 내 사람이 되지 않는 사람, 누구보다 사랑하지만 언젠가는 떠나버릴 것 같은 사람, 내게 정착하지 않는 자유로운 사람. 짝사랑처럼 그를 일방적으로 바라보다가 타들어가는 갈증을 못 이기고 다가갈수록 상대는 내게서 더 멀어진다. 내가 가까워지면 그는 두려워하듯 몸을 사리며 내게서 멀어진다.

그가 나를 사랑하는 게 맞는 걸까?

심리학이론에서는 이런 관계를 '안정애착'이 맺어지지 않은 관계라고 한다. 애착이란 일반적으로 생후 1년이 된 아이와 주 양육자가 맺는 관계의 질을 의미한다.

주 양육자가 아이를 어떤 태도로 대하느냐에 따라 아이는 세상과 타인, 그리고 자신에 대한 상을 형성하게 된다. 주 양육자가 민감하고 사려 깊은 태도로 아이를 대하면 아이는 대상과 안정된 애착관계를 맺게 되고, 이 경험은 이후 타인과 관계를 맺는 데 영향을 주게 된다. 안정된 애착관계를 맺으면 세상을 믿을 수 있는 존재로 인식하고 자신을 사랑받을 수 있는 존재로 생각하므로 자신감 있게 관계를 맺어갈 수 있다. 반면 주 양육자가 아이를 학대하거나 방임하면 아이는 대상과 불안정 애착관계를 맺게 되고 이후 관계 형성에 어려움을 겪을 수 있다. 아이는 세상을 믿을 수 없는 곳으로 인식하기 때문이다. 이렇듯 어린 시절 주 양육자와 맺은 관계의 질이 생애 전반에 영향을 미친다.

하지만 애착은 생후 1년뿐만 아니라 생애 전반에 걸쳐 다양한 사람들과 맺어질 수 있다. 주로 연인이나 배우자와 같은 유의미한 타인과 애착관계를 맺는데 이때에도 어린 시절 주 양육자와 맺었던 애착관계의 영향을 받는다. 안정된 애착을 맺었던 사람은 배우자와도 안정적인 관계를 맺고, 불안정 애착관계를 맺었던 사람은 배우자와도 불안정한 관계를 형성하는 경향이 있다.

이렇듯 심리학자들은 애착을 맺은 방식이 관계의 질에 영향을 미친다는 것을 알아냈고, 애착유형을 크게 안정형과 불안정형으로 구분했다. 안정형 애착을 맺은 사람들은 보다 건강한 관계를 맺는 경향이 있고, 불안정형 애착을 맺은 사람들은 결핍된 관계를 지속하는 경향이 있다. 불안정 애착의 하위 유형인 회피형과 양가형에 대해 자세히 살펴보자.

애착 유형과 연애

회피형

회피형은 주 양육자가 아이를 방임한 경우다. 주 양육자가 아이의 요구에 반응해주지 않았기 때문에 아이는 세상과 타인에 대한 기대를 저버린다. 아이는 타인에게 기대하지 않고 '혼자 놀기'를 택한다. 주 양육자가 있든 없든 별로 신경 쓰지 않는 편이다.

회피형은 연인관계를 맺을 경우 가장 냉담해 보이는 유형으로 경계를 뚫고 들어가기가 어렵다. 회피형은 친밀해지려고 시도하지 않고 따뜻한 관계를 기대하지 않는다. '상대가 나를 떠나기 전에 내가 먼저 버린다.'라는 자세이기 때문에 언제든 떠날 준비가 되어 있는 것처럼 보이고, 연인이 가까워지려고 하면 두려워하며 한발 물러선다. 안정된 관계 형성 자체를 회피하는 것이다. 하지만 냉담해 보이는 이면에는 좌절된 애정욕구와 결핍감이 내재해 있다.

양가형

양가형은 주 양육자가 기분 내키는 대로 아이를 키운 경우다. 기분이 좋을 때는 마냥 잘해주다가 기분이 나쁘면 학대하거나 방치한다. 일관된 기준이 없기 때문에 아이는 혼란을 느낀다. 주 양육자는 좋은 대상이기도 하고 나쁜 대상이기도 하기 때문에 아이는 양가감정을 느낀다. 아이는 주 양육자한테 버림받을지도 모른다는 위협을 느끼기 때문에, 양육자에게 집착하며 매우 과장되게 슬픔을 표현하고 사랑을 요구한다. 부모가 잠시만 자리를 비워도 울고불고 떼를 쓰며, 부모가 돌아와도 진정되지 않고 계속 운다.

양가형은 연인관계가 되면 관계에 집착한다. 상대방의 태도에 매우 예민하고 잠시만 연락이 되지 않아도 불안해 한다. 심해질 경우 일거수일투족을 감시하거나 간섭한다. 버림받지 않기 위해 노력하지만 과장된 표현과 집착 때문에 연인을 오히려 지치게 하는 경우가 많다. 상대방이 신뢰를 보여주고 심리적으로 흔들리지 않으면 사랑스러운 연인이 될 수 있다.

불안정 애착 유형인 사람도 안정 애착 유형인 연인을 만나면 애착 유형이 바뀌기도 하고 안정되고 행복한 관계를 맺을 수 있다. 하지만 최악의 경우는 양가형과 회피형의 만남이다.

양가형과 회피형의 만남

양가형과 회피형이 연애를 하면 양가형은 상대방에게 버림받을지도 모른다는 공포를 느끼고, 회피형은 상대로부터 잡아먹힐지도 모른다는 공포를 느낀다. 회피형이 냉담한 자세를 취하고 언제든 떠날 것처럼 자유로워 보이기 때문에 양가형은 두려움과 불안을 느낀다. 때문에 양가형은 더욱 집착하며 강한 태도로 사랑을 요구한다.

"왜 나한테 연락을 이 정도만 하는 거야?"

"일주일에 두 번 이상은 만나야 되는 거 아냐?"

"난 만나고 싶은데 당신은 왜 시간이 안 된다는 거야?"

"휴대전화랑 이메일 비밀번호 모두 다 공개해!"

이렇게 되면 회피형은 더욱 움츠러들어 물러서고 보다 냉담한 태도를 보인다. 이런 태도에 양가형의 불안은 더욱 증폭된다. 양가형은 안정 애착 연인을 만나면 사랑스러운 연인이 될 수도 있지만, 회피형을 만나면 영화 〈미져리〉 속 주인공 '미져리'처럼 누구보다 집착할 수 있다. 관계는 상호작용이기 때문에 결국 쫓아가는 사람과 도망가는 사람이 생기게 되는 것이다.

만약 당신이 애인이 있어도 외롭고 그가 당신을 방치한다는 느낌이 들어서 더이상 가까워지기 힘들다면, 당신의 연인은 회피형일 수 있다. 지나치게 무심하고 쿨한 태도 밑에는 충분히 사랑받지 못해 좌절하고 포기해버린 어린아이의 자아가 있는 것이다. 버림받을지 모른다는 두려움 때문에 먼저 마음의 문을 닫아버린, 누구보다도 외로운 사람인 것이다.

지현과 남자친구의 애착 유형을 검사한 결과 지현은 양가형으로, 남자친구는 회피형으로 판별되었다. 도망가는 남자와 쫓아가는 여자의 패턴을 반복하고 있었다. 다음 상담 시간부터는 자신과 남자친구의 성장과정을 이해하고 현재에 미치는 영향을 바꾸기 위한 커플치료를 진행하기로 했다.

"선생님, 애착 유형은 바뀌지 않는 것인가요?"

"아니요, 안정된 관계가 지속되면 바뀔 수 있습니다."

"그 남자를 정말 사랑해요…. 나쁜 사람은 아니니까 계속 사랑하고 싶어요."

지현은 오랜 시간 속내를 털어놓고 웃으면서 상담실을 나섰다.

회피형 연인의 태도는 쉽게 변하지 않지만, 안정 애착형인 연인의 꾸준한 사랑이 있다면 마음의 문을 열 수 있다. 회피형 연인에게 어서 빨리 문을 열라고 하지 말고, 연인이 관계에 대한 두려움 때문에 애써 지키고 있는 경계를 무참히 뚫고 들어가지만 않는다면, 언젠가 그는 당신이 다가올 틈을 내어줄 것이다. 물론 그것이 쉽지는 않겠지만, 사랑은 인간을 변하게 하는 힘이 있다고 하지 않는가.

2

성공에 목마른 남자,
대화에 목마른 여자

부부갈등과 우울증

"나는 성공해야만 가치 있는 존재다."

"결혼하자마자 대화가 되지 않는다는 걸 느꼈어요. 남편은 일에만
빠져 살았어요."

"남편에게 그런 심정을 전해본 적 있으신가요?"

"시도해봤어요. 남편에게 '당신과 통하지 않는다, 외롭다.'는 이야
기를 하면 '대체 뭐가 그렇게 힘드냐.'며 이해를 못하겠다는 반응뿐이
었어요."

"그랬군요."

"남편은 '돈 많이 벌어다주는데 대체 너는 왜 배가 불러 그러느냐,
대체 뭐가 문제냐.'라는 식이었죠. 지금까지도 이해를 못해요."

그녀는 상담하는 한 시간 동안 마음속에만 쌓아두었던 이야기를 풀어내며 눈물을 훔쳤다. 그녀의 남편은 유명 대학교 법대를 졸업한 후 업계에서 이름이 알려진 법률사무소에 입사해 지금까지 승승장구하며 능력을 발휘하는 변호사다. 그녀는 능력 있는 남자의 아내로서 물질적으로 풍요로운 삶을 살고 있었지만, 내면은 늘 쓸쓸하고 공허했다. 결혼한 후에도 오직 일에만 몰두하다 늘 밤 10시, 11시가 되어야 집에 돌아오는 남편은 외로움으로 몸서리치는 그녀가 다가올 때면 이렇게 말했다.

"네가 하고 싶은 일을 찾아 미친 듯이 빠져라, 좀. 나를 들들 볶지 말고."

아내는 삶이 외로웠다. 아이를 낳으면 답답한 결혼생활이 좀 나아질 줄 알았다. 아들 둘을 낳고 정신없이 양육에만 매진할 때는 바쁘기 때문에 외로움에 신경 쓸 겨를도 없었다. 하지만 아들 둘이 어느새 중학생, 고등학생으로 성장한 후에는 학교에서 집에 돌아와도 말없이 제각각 자기 방으로 들어가버려 외로움은 더 커졌다.

그녀는 매일 아침 남편과 아이 둘을 회사와 학교로 보낸 후 집에 덩그러니 혼자 남겨질 때면 마음이 뻥 뚫리는 느낌이었다. 전원 속에 지어진 넓은 집은 쓸쓸함만 더욱 커지게 하는 감옥 같았다.

"선생님, 그 느낌 아세요? 가슴이 비어 있는 것 같은…"

그녀의 눈빛이 흔들렸다.

"아무리 우울증 약을 먹어도 나아지지가 않네요."

그녀는 10년 동안 우울증 약을 복용해왔다. 하지만 약물치료에 효과를 느끼지 못하고 심리학자의 심리치료를 찾게 된 것이다.

쌍둥이처럼 닮은 부부

상담을 통해 알게 된 그녀와 그녀의 남편은 사실 쌍둥이처럼 닮아 있었다. 두 사람은 모두 상처받은 과거로부터 고통받고 있었다. 아내는 어린 시절 어머니로부터 버림받은 기억을 잊지 못했다. 지긋지긋한 가난 속에서 아버지의 무능을 탓하며 가출한 어머니는 그녀 가슴 속에 채워지지 않는 빈 자리로 남아 있다. "너희 어미가 집을 나간 것은 너희들 때문이다."라며 세 딸들을 나무라던 아버지의 모진 욕설도 여전히 생생하다. 어머니가 사라진 후 그녀는 사람들이 두려워졌다.

"가난하고 엄마도 없는 나를 사람들은 어떻게 생각할까."

우등상을 놓치지 않으며 반장을 도맡던 모범생 소녀는 이후 사람들을 피했다. 낳아준 어머니조차 자신을 버렸다는 생각에 자기와 타인을 사랑할 수 없었기 때문이다. 자신감 없는 마음에 성격은 점차 소심해졌고 표정은 더 우울해졌다. 현재를 고통으로 몰아넣는 우울의 씨앗은 과거에 뿌리 내리고 있었다.

한편 남편은 친어머니가 사고로 죽고 아버지가 재혼한 뒤 계모의 모진 구박 속에 자랐다. 배다른 어린 형제들이 태어난 후로는 찬밥

신세를 더욱 면치 못했고, 독립할 날만을 기다렸다. 대학에 입학한 후로는 악착같이 아르바이트를 하며 학비를 벌었고 가족과는 연락을 끊어버렸다.

"달동네에서 다 쓰러져가던 그이 자취방이 기억에 남아요. 너무 힘들게 사는 모습을 보고 '이 사람 불쌍한 사람이구나, 나랑 비슷한 사람이구나.' 했어요."

여자는 남자의 불쌍한 모습에 자연스레 마음이 끌렸다. 성장과정에서 가족으로부터 충분히 사랑받지 못해 결핍된 자신의 쌍둥이 영혼을 발견한 것이다. 여자는 어려운 형편 속에서 힘겹게 고시공부를 하는 남자를 뒷바라지했고, 둘은 결국 결혼에 골인했다.

성공에만 집착하는 삶, 멀어지는 부부관계

남편은 사법고시에 합격했고 돈과 명예도 손에 넣었으니 원하던 꿈을 이루었다. 사랑하는 아내와 두 아들도 있었다. 하지만 남편의 마음속에는 여전히 부족하다는 울림이 끊이지 않았다. 더 많이 성공하고 더 많이 올라가고 더 많은 돈을 벌어야 했다. 더 많은 권력을 손에 쥐어야 하고 더 많은 것을 가져야 했다. 그래야지만 자신을 냉대하던 아버지와 계모, 이복형제들에게 떳떳해질 수 있을 것 같았다. 물질적으로는 부자가 되었지만 마음은 여전히 가난했다. 성공에 대한 집착으로 욕망의 노예가 되어 가정을 외면한 채 일에만 매진하며 살았지만, 마음은 풍요롭지 못했다. 몸은 현재에 있었지만 마음은 여전히 과거의 트라우마에 머물러 있었기 때문이다.

남편은 타인과 정서적으로 친밀해지는 것이 두려웠다. 아내가 자신의 내적 영역으로 들어오려고 시도할 때마다 한걸음 물러서며 경계태세를 취하곤 했다. 아내가 문을 두드리면 남편은 문을 굳게 걸어 잠그고 외면했다.

"내 영역을 침범하지 마!"

쫓아다니는 여자와 도망가는 남자는 위태로운 숨바꼭질을 했다. 술래는 영원히 찾을 수 없을지도 모른다는 불안감에 더 숨 가쁘게 쫓아가 "제발 이젠 나와달라."라고 외치지만, 공허한 메아리만 돌아올 뿐이었다.

친밀한 타인이 내 영역 어디까지 들어오게 할 것인가. 누군가와 사랑에 빠지면 우리는 자연스럽게 자기(self)를 둘러싼 외피와 경계가 흐릿해지며, 타인의 자기(self)와 얽혀 공생하게 된다. 갓 태어났을 때, 나와 타자와 세계가 구분되지 않는 자폐적 상태에서 어머니(혹은 주 양육자)와 공생하는 원리와 같다. 따라서 누군가는 어머니와 아이가 경계 없이 공생하는 상태를 "완벽하게 사랑에 빠진 상태"라고도 표현한다. 이 상태를 벗어나 아이가 자기의 경계를 바로 세우고 타자의 경계를 인식하게 되는 것처럼 사랑도 마찬가지의 수순을 따른다. 자연스럽게 얽히고 융합하면서 서로의 경계를 인식하고 바로 세워주게 되는 것이다. 건강한 사람들은 또렷한 경계를 갖고 있어서 건강한 사랑을 하는 사람들의 관계는 경계가 명확하면서도 아주 유연하다.

하지만 이 부부의 경우엔 정서적 친밀감을 느낄 수 있는 단계 자체가 없었다. 남편을 둘러싼 껍질은 매우 단단했고, 그 경계 또한 매우 경직되어 있었다. 그리고 어쩌면 무조건적으로 사랑받고 의지하고 싶은 아내의 욕망이 남편이 수용할 수 있는 범위에 비해 너무 컸을지도 모른다. 서로가 관계 속에서 하고 싶은 역할이 서로가 바라는 역할에 맞지 않았던 것이다.

두 사람 다 과거의 상처에 머물러 있었지만, 아내는 따뜻한 대화에 목말랐고 남편은 끝없는 성공에 목말랐다.

"외로워, 힘들어, 당신은 일밖에 몰라."

아내는 남편을 나무라면서도 그때마다 그 자신 또한 움츠러들며 도망가고 싶었을 것이다.

"이렇게 열심히 사는데 더이상 내게 뭘 더 어쩌라고!"

하지만 아내의 나무람 이면에는 이런 진심이 담겨 있었다.

'나는 당신과 사랑하고 싶어. 당신이 그리워. 더 가까워지고 싶어.'

그렇지만 아내는 진심을 전하지 못하고 남편을 늘 원망하고 쌓아둔 감정을 터뜨리며 화만 냈고, 그럴수록 남편은 더욱 단단한 껍질 속으로 들어갈 뿐이었다. 이렇게 관계는 악순환을 거듭했다.

상담가는 서로에게 상처를 주는 말 이면에 있는 진심을 전하도록 도와준다. 그리고 서로 멀어질 수밖에 없게끔 했던 반복되는 패턴을 찾아 그 순환의 고리를 끊도록 도와준다. 하지만 상담자가 남편을 만나봐야겠다는 말을 하자 아내는 우울한 표정으로 말했다.

"남편은 '상담 같은 걸 뭐하러 받느냐.'라면서 '문제는 너니까 너만 고치면 된다, 필요 없다.'고 그러네요."

아내는 상담을 통해 상처받은 내면의 어린아이를 발견했고, 쓰라린 과거와 화해하는 과정을 거쳤다. 이제는 남편 또한 같은 수순을 밟을 차례였다. 하지만 아내가 문을 두드려도 남편은 여전히 마음을 굳게 걸어 잠근 채 외면했다. 치료의 단위가 개인이 아니라 부부일 때, 그리고 어느 한쪽이 문제가 있다는 것을 외면할 때, 두 사람을 치료에 참여시키기란 정말 쉽지 않다. 어느 한쪽만 상담가를 찾고, 상대는 치료를 받는다는 사실 자체도 인정 못하고 화를 내는 경우가 사실 비일비재하다. 건강한 사람은 상담이나 정신과 치료를 전혀 받지 않은 사람이 아니라, 오히려 자신의 어려움을 인식하고 제 발로 상담가를 찾는 사람이다. 남자는 오늘도 일에 매진하며 과거를 극복하고자 하지만, 정작 마음은 메마르고 있을 텐데 그것을 알고 있을까.

우울증, 어떻게 해결할까?

'우울증은 마음의 감기다.'라는 말이 있을 정도로 많은 현대인들이 살아가면서 한 번쯤은 우울증에 시달리곤 한다. 사람이 살다 보면 가끔 우울할 때도 있고 무기력해질 때도 있지만, '우울증'이라는 이름이 붙을 정도가 되면 심각성이 달라진다. 우울증은 삶을 피폐하게 하며, 심할 경우 자살로 이끄는 원인이 되기 때문이다. 우울증은 간과해서는 안 될 반드시 치료해야 하는 마음의 병으로, 주변 사람들이나 가족 중 누군가가 우울한 낌새를 보인다면 민감하게 대응해야 한다.

우울증 치료, 과연 어떻게 해야 하는 걸까? 요즘엔 과거에 쓰였던 것보다 부작용이 적은 우울증 치료약이 개발되어 흔히 쓰인다. 약물치료는 뇌의 생화학적 작용이 우울감에 기여한다고 보고, 생물학적인 접근을 통해 우울감을 해결하고자 하는 방안이다. 장기간 깊은 우울감에 빠져 있는 사람이라면 약물치료가 도움이 되는 경우가 많다. 우울감에서 벗어나려면 무언가 활동을 시작해야 하는데, 약물이 우울증 치료를 위한 일종의 동력이 된다는 것이다.

하지만 우울증 환자들이 공통으로 하는 말은 '약물치료만으로는 그다지 큰 효과를 보지 못했다.'는 것이다. 또한 우울증 약을 먹을 때만 효과가 있고 끊으면 다시 우울감이 찾아오니 계속 우울증 약을 먹다가 점차 약물에 중독되는 것 같아 걱정이라는 하소연도 많다. 따라서 우울증에 걸렸을 경우에는 약물치료 못지않게 근원적인 원인을 해결하기 위한 상담치료를 함께 받는 것이 중요하다. 생물학적인 요인도 우울증에 기여하지만, 환경에서 오는 스트레스나 개인의 성격, 과거의 트라우마가 우울증의 원인이 되는 경우가 많기 때문이다. 또한 사고방식, 습관 자체가 비관적으로 굳어서 점차 우울해질 수밖에 없는 악순환을 거듭하는 이들도 있다. 따라서 심리치료를 통해 우울증의 근본 원인을 찾아 해결하고, 새로운 대처방식을 배울 필요가 있다. 몸을 건강하게 하기 위해 좋은 음식을 먹고 꾸준히 운동을 하듯, 마음을 건강하게 하기 위해서도 훈련이 필요하기 때문이다. 심리치료는 그런 과정에서 도움이 된다.

그렇다면 심리치료에서 도움을 얻어 우울증에 대처할 수 있는 자가 치유법을 배워보자. 우울한 사람들은 특정한 방식으로 사고하는 인지패턴을 가지고 있다. 연습을 통해 이 사고방식만 바꾸어도 제법 괜찮은 효과를 얻을 수 있다. 우울을 유발하는 사고패턴은 무엇일까? 우울한 이들은 실패한 경험에 대해서는 자신을 탓하고, 앞으로도 변하지 않을 것이라고 생각하며 다른 곳에서도 비슷한 실패를 반복할 것이라고 예상하는 경향이 있다. 반면 성공한 경험에 대해서는 정반대다. 다른 사람 덕분에 성공할 수 있었다거나 운 때문이었다고 생각하고, 앞으로는 일어나지 않을 사건이며 다른 곳에서는 비슷한 성공을 할 수 없다고 생각한다. 즉 우울해질 수밖에 없는 사고습관을 가지고 있는 것이다.

구체적인 사건을 하나 예로 들어서 자기의 사고패턴을 점검하고, 정반대로 생각하는 연습을 해보자. 예를 들어 대학입시에 실패했을 때 "나는 머리가 나빠서 앞으로도 계속 시험에 떨어질 거야."라고 생각하지 말고, "이번에는 컨디션이 좋지 않아서 이런 결과가 나왔지만 앞으로 내가 열심히 한다면 더 좋은 결과가 있을 거야!"라고 생각하는 것이다. 머리가 나빠서 시험에 떨어졌다고 생각하면 앞으로도 가망이 없지만, 단지 '컨디션이 좋지 않아서'라고 생각한다면 앞으로 희망이 남아 있다. 더욱이 '내가 더 열심히 한다면' 하고 되뇌며 자신에게 미래를 통제할 수 있는 힘이 있다고 믿는다면 더 긍정적인 미래를 만들 수 있는 동력이 내면에 생겨난다.

골치 아픈 부부관계 해결법

우울증은 부부관계가 악화되는 원인이기도 하지만, 부부갈등의 결과로 등장하기도 한다. 부부관계를 회복하기 위해서는 개인이 가진 우울증을 치료하는 것도 중요하지만, 두 사람이 함께 만드는 역동을 고려하는 것이 핵심이다. 역사를 가진 개개인이 상호작용하는 과정에서 불화가 일어나기 때문이다. 모든 사람들은 자신만의 과거를 가지고 있고, 해결되지 않은 상처를 품고 현재를 살아간다. 문제는 과거의 트라우마에 머물러 벗어나지 못할 때 생겨난다. 더이상 과거의 상태에 머물러 있는 것이 아닌데도 현재를 깨끗하게 보지 않는 것이다. 성장과정에서 굳어진 신념이 지나치게 경직되어 바뀌지 않을 때 문제가 생기곤 한다. 위 사례의 남편은 '나는 반드시 성공해야만 가치 있는 존재다.' '무엇보다도 제일 중요한 것은 성공이다.'라는 신념을 가지고 있었다. 그가 그리는 '성공'에 가족의 행복은 포함되지 않았다. 또한 남편은 아내와 감정을 공유하는 법을 모르고 있었다. 이성은 누구보다 발달되었지만, 정서적인 면에서는 어린아이 수준에도 미치지 못했던 것이다.

자신과 타인의 감정을 잘 읽지 못하고 감정을 공유하는 데 서투른 것은, 성장하면서 감정을 인정받아 본 적이 없어서 그럴 것이다. 우리들은 성장과정에서 누군가가 자신의 감정을 알아주고 이해해주는 경험을 통해 자신의 감정을 인식하게 된다. 그럼으로써 타인의 감정 또한 이해하게 되고, 자연스레 타인과 친밀함을 나눌 수 있는 공감 능력도 생겨난다.

위 사례에서 감정에 메마른 남편의 모습은 어린 시절 정서적으로 메마른 환경에서 자라난 남편의 상처를 반영한다고 볼 수 있다. 부부관계를 회복하기 위해서는 서로가 가진 내면의 상처와 결핍을 이해하는 과정이 필요하다. 그러기 위해 서로의 가족에 대한 자세한 가계도를 그리고 가족 구성원들의 역사에 대해 이야기를 나누며 성장과정을 공유하는 작업이 도움이 된다. 되도록이면 3대까지 그려보고 친척들과의 만남이나 조사, 인터뷰까지 해보는 것이 좋다. 이런 과정을 통해 이해할 수 없고 받아들일 수 없던 상대의 결점이, 알고 보면 아픈 과거에서 비롯되었다는 사실을 깨닫게 되고 서로의 상처를 공유하며 친밀감을 쌓을 수 있기 때문이다.

가계도 그리기 작업뿐 아니라 '상대방에 대한 애정지도'를 그리는 것도 좋은 방법이다. 세계적인 임상심리학자이자 부부치료전문가인 존 가트맨 박사는 '배우자에 대해 많이 아는 것이 힘이다.'라고 했다. 상대방이 무엇을 좋아하고 싫어하는지, 두려워하는 것은 무엇이고 무엇 때문에 스트레스를 받는지, 상대의 꿈과 희망, 그리고 인생의 목적과 고민은 무엇인지, 누구와 어떤 환경에서 어떤 일을 하며 사는지 등을 구체적으로 알아야 한다는 것이다. 즉 가트맨 박사가 말하는 '애정지도'란 배우자의 인생과 관련 있는 정보를 머릿속에 그려놓은 지도로, 이 애정지도가 상세할수록 부부관계가 돈독해지고 역경을 극복하는 힘이 강해지는 셈이다. 배우자에 대해 많이 알수록 상대방을 이해하기 쉬워지고 나와 다른 점마저 수용할 수 있다.

3
남자를 떠나가게 하는 여자, 이별을 준비하는 남자

경계선 성격장애

"당신이 떠나면 나는 견딜 수가 없다."

계란형 얼굴, 넓은 이마에 까무잡잡한 피부, 쌍꺼풀이 진 크고 동그란 눈, 도톰한 입술, 늘씬한 몸매. 멀리서도 한눈에 띄는 미인인 그녀는 피부 관리를 위해 주기적으로 마사지를 받고 다이어트를 위해 하루에 두세 시간씩 운동했다. 저녁을 푸짐하게 먹은 날에는 먹은 걸 모두 토할 만큼 외모에 신경을 썼다. 충분히 아름다운 그녀지만 뭇 남성들을 매혹시킬 수 있는 섹시한 여자가 되기 위해 노력하고 또 노력했다.

　그녀는 연극배우다. 세간에 이름이 널리 알려진 배우는 아니지만 여러 차례 소극장 무대에 주연으로 출연했던 경력이 있다. 수년간 배우로서의 입지를 다지기 위해 노력해왔건만, 며칠 전에 남자친구와 헤어진 후 우울증 약 한 달 치를 한꺼번에 삼키고 응급실에 실려 왔다. 이번이 네 번째 자살시도였다.

응급실에서 보호병동으로 이동한 후 치료진들과 다툼을 반복하던 그녀는 결국 자신을 돌봐주는 간호사의 얼굴에 침을 뱉었다.

"나한테 그딴 식으로 말하지 말라고!"

병원 내에서는 담배도, 술도 해서는 안 되고 혼자서는 외출도 할 수 없다는 병동규칙을 알려주는 간호사의 말투가 명령조로 들렸다고 한다. 심기가 불편해진 그녀는 왜 담배를 피울 수 없느냐며 실랑이를 하다 결국 분노가 폭발했다. 보호병동에 입원하면 당연히 지켜야 할 규칙인데도, 그녀에겐 참을 수 없는 제약으로 받아들여졌던 것 같다.

"이런 제기랄! 나를 풀어줘! 나를 놔달란 말이야!"

그녀는 간호사의 뺨을 때리고 분에 못 이겨 격렬하게 소리 지르며 몸부림치다 결국은 덩치 큰 경비원들에 의해 보호실에 갇혔다. 이틀 가량 보호실에 갇혀 있던 그녀는 조금 진정이 되고 나서야 병동 안을 자유롭게 걸어 다닐 수 있게 되었다.

버림받은 과거, 깊은 상처가 되다

그녀는 첫 면담에서 자신의 말을 끊지 않고 수용적인 자세로 모두

들어주는 내게 호감을 표현했다.

"약만 먹는 것보다는요, 심리학을 전공한 선생님이랑 이야기하면서 상담받는 게 좋아요."

그녀는 털어놓을 이야기가 있다며 여러 차례 면담을 요청했고, 그때마다 긴 면담이 이어졌다. 긴 과거사를 풀어내는 그녀의 눈빛이 쓸쓸함에 젖어들었다. 20대 후반, 젊은 여자의 인생이었지만 그녀의 삶엔 한 편의 드라마가 압축되어 녹아 있었다.

"아버지는 제가 어렸을 때부터 바람을 피웠어요. 엄마를 때리는 것뿐만 아니라… 우리를 내팽개쳐두고 집에 들어오지 않는 날이 더 많았죠."

유년시절에 부모님은 그녀의 삶을 지탱해주지 못했다고 한다. 아버지는 그녀가 꼬맹이 코흘리개일 때부터 어머니가 아닌 다른 여자와 두 집 살림을 했다. 어머니는 작은 호프집을 운영하며 경제적으로 무책임한 아버지를 대신해 가장 역할을 했다. 어머니는 오후에 일터로 나가 다음 날 늦은 아침이 되어서야 집에 돌아오곤 했기에 집은 늘 텅 비어 있었다. 외동딸이던 그녀는 아무도 돌봐주지 않는 환경 속에서 결핍감을 내면화했다.

"아빠, 제발 엄마랑 나를 버리지 말아요."

그녀의 기억 속엔 언제든 자신을 버릴 것 같은 아버지의 바짓가랑이를 붙잡고 애원하던 자신의 모습이 생생하게 남아 있었다. 눈물범벅이 된 채 떠나가지 말아달라고, 제발 곁을 지켜달라고 빌던 어린 자신의 모습이 뚜렷하다고 했다. 그녀는 비록 나쁜 아버지일지라도 곁에 있기를 바랐다. 어머니 또한 폭력을 쓰고 가정을 외면하는 나쁜 남편을 여전히 사랑했고, 딸을 혼자 키울 수 없다며 이혼하기를 거부했다.

하지만 아버지의 외도는 이어졌고 부모님의 격렬한 다툼은 반복됐다. 그녀는 부부싸움으로 시끄러운 집안에서 불안에 떨며 몸을 숨기고 흐느껴 울곤 했다. 소녀는 늘 외롭고 공허했다. 사랑받고 싶지만 늘 상대방이 떠나갈까 두려웠다.

'내가 누군가를 사랑하면 언젠가는 버림받을지도 몰라.'

아버지가 자신과 어머니를 언제든 버릴 수 있는 것처럼 자신이 사랑하는 누군가는 떠나버릴 것만 같았다. 그녀는 타인과 하나가 되고 싶었지만, 그만큼 이별에 대한 두려움도 컸다. 상대에게 버림받지 않기 위해서는 필사적으로 매달려야 한다고 생각했다.

천사와 악마를 오가는 연인

사랑하는 사람이 생기면 늘 상대가 천사로 보였다. 자신을 구원해줄 수 있는 천사. 그녀는 모든 것을 다 가진 것 같은 남자에게 푹 빠져 격렬하게 사랑하곤 했다. 사랑에 빠져 있을 땐 세상에서 가장 행복한 사람이 된 것만 같았다. 상대에게 정성을 다했지만 언젠가는 떠날지도 모른다는 불안에 연인의 휴대전화를 검사하고 일거수일투족을 감시하곤 했다. 함께 살다시피 하며 잠시도 떨어져 있지 않으려고 하는 그녀를 남자들은 하나같이 부담스러워했다.

"날 좀 혼자 있게 해줄래?"

연인이 자기만의 영역을 주장하면 눈앞에 있던 천사가 갑자기 악마로 보였다. 자신에게서 벗어나려는 그에게 화가 치밀어 올랐다.

"네가 어떻게 나한테 이럴 수 있어? 나를 사랑한다면서!"

그때부터 그녀는 그의 사소한 행동에도 폭발할 것 같은 분노를 감출 수 없었고, 격렬하게 화를 내곤 했다. 분노에 휩싸일 때면 정신을 잃은 듯 연인의 뺨을 무참히 때리거나 집안의 물건을 부수곤 했다. 그녀의 광기어린 집착에 지친 연인이 헤어지자 말하면 세상이 끝난 듯 괴로웠다. 첫 번째 남자친구에게 이별을 통보받던 날, 그녀는 동맥을 끊고 피를 흩뿌린 채 울며불며 거리를 뛰어다녔다.

그녀는 그렇게 수차례 열렬한 사랑과 끔찍한 이별을 되풀이했다. 사랑을 잃는 고통이 너무 커서 견딜 수 없을 만큼 불안할 때에는 폭식을 했다. 누군가와 하나가 되고 싶을 때 눈앞의 음식을 닥치는 대로 먹어치웠고, 더이상 먹을 수 없을 정도로 배가 차오르면 게워냈다. 멈추지 않는 게걸스러운 식탐은 사실 애정에 대한 끝없는 갈망이었다.

몸을 소중히 해야 하는 배우였지만 그녀의 양쪽 팔목에는 자해의 흔적이 깊게 패여 있었다. 사랑을 잃고 싶지 않아 필사적이었지만, 오히려 버림받고 싶지 않은 강렬한 바람으로 인해 연인은 떠나갔다.

"선생님, 사랑하는 게 왜 이렇게 힘들죠? 전 버림받고 싶지 않았을 뿐인데…."

떠나간 연인들을 회상하는 그녀의 호흡이 흐트러졌다. 눈물이 뺨을 타고 흘렀다.

"또다시 버림받는다면… 정말 죽어버리고 싶을 거에요…."

온전히 마음을 터놓으며 유년시절의 상처를 더듬어 가던 그녀는 혼란스러운 자기를 들여다보았다.

"저는 어쩔 때는 아주 못됐는데, 어쩔 때는 아주 착해요. 어떤 때는 내가 너무 못나 보이고 혐오스러운데, 어떤 때는 내 자신이 정말 괜찮은 사람 같아요."

"선생님, 제가 어떤 사람인지 저도 모르겠어요."

그녀는 불안한 세상을 이해하기 위해 모든 것을 흑과 백으로 나누고 있었다. 좋은 것 아니면 나쁜 것, 천사 아니면 악마, 선 아니면 악. 그 중간 지점은 존재하지 않았다. 그녀의 정신적 혼란은 통합되지 않는 양극단의 표상을 오가는 데서 오곤 했다. 자신을 구원해줄 천사 같은 남자친구, 하지만 사소한 실망 후에 다시 악마처럼 보이는 연인. 천사 같은 자신, 하지만 다시 괴물 같이 혐오스러운 자기 자신. 감정도 극단적으로 오락가락했다. 타인은 물론 자기 자신조차 이해할 수 없기에 혼란은 극에 달하곤 했다. 좋은 것이나 나쁜 것이 언제든 함께 존재할 수 있다는 사실을 이해할 수 없던 그녀는 눈앞에 마주한 치료자를 '천사'로 만들며 또다시 세상을 흑과 백으로 분리하고 있었다.

"선생님, 전 선생님이 너무 좋아요. 다른 선생님들은 싫어요."

그녀가 해야 할 과제는 결코 자기 자신을 버리지 않는 내면의 위로자를 만드는 것, 그리고 선과 악을 하나로 통합하는 것이었다. 퇴원 후에도 여전히 무대에 서는 그녀는 요즘 연기로 호평을 받고 있다고 한다. 연기를 할 때면 현실과 실제가 구분되지 않을 정도라고 하니, 재능을 타고난 것이 틀림없는 것 같다. 아마도 그녀는 과거에 겪은 격렬한 사랑, 그리고 처절한 이별의 아픔을 연기로 승화시키며 살고 있는지도 모른다.

경계선 성격장애란 무엇일까?

위 사례는 우울증뿐만 아니라 경계선 성격장애를 진단받은 환자의 사례다. 경계선 성격장애란 무엇일까? 경계선 성격장애는 배우 김혜수가 주연으로 등장한 영화 〈얼굴 없는 미녀〉에도 묘사된 바 있고, 영화 〈위험한 정사〉에서도 잘 그려지고 있다. 성격장애가 매우 극단적이고 부정적으로 강렬하게 드러나는 경우가 많아서 영화의 단골 소재가 되고는 한다.

경계선 성격장애는 대인관계와 자아상에 대한 혼란, 불안정한 정서와 더불어 심한 충동성이 생활 전반에 나타나는 마음의 병을 말한다. 경계선 성격장애를 앓는 사람들의 삶은 천국과 지옥이 번갈아 교차하지만 결국 절망밖에는 없는 추락하는 롤러코스터와도 같다. 연인이 완벽하게 보여 격렬한 사랑에 빠지지만, 한순간 그는 혐오스럽고 실망스러운 존재로 추락한다. 행복할 때는 영원한 봄날을 만난 것 같지만, 불행할 때는 모두 재가 되어버린 절망의 공간에 남겨진 듯하다. 열정적으로 살아가는 듯하지만, 금방 불같이 화를 내며 타오를 듯한 분노를 표출한다.

이들이 주로 쓰는 심리적 방어기제는 '분리(splitting)'다. 흑과 백으로 나누는 것이다. 연인을 사랑하는 사람들 대부분은 상대방이 완벽하지 않다는 것을 안다. 부모를 미워하더라도 제법 괜찮은 부분도 있다는 것을 인정한다. 하지만 경계선 성격장애를 앓는 사람들이 사는 세상엔 오직 두 종류의 사람만 있다. 이들은 천사와 악마, 착하고 좋은 사람과 악당으로 사람들을 구분하며 양극단의 표상을 오고갈 뿐 통합하지 못해 혼란에 빠진다. 이들은 또한 자기 자신이 누구인지 모르고 극단적인 기분을 느끼며 혼란에 빠진다. 자기 자신이 멋지게 느껴지다가도 한순간 혐오스러운 존재로 변질된다. 난 누구인가? 흔들리는 불안 속에서 정체성에 대한 의문은 계속된다.

이들이 느끼는 가장 큰 공포는 버림받는 것이다. 자신이 거부당하는 것을 예상하며 상대에게 필사적으로 매달리고 집착한다.

'날 떠나지 말아줘!'

그들의 외침은 강렬하지만 심한 집착은 격노로 표출되기 때문에 연인은 곧 지쳐버린다. 유기되지 않기 위한 필사적인 몸부림이 결국 연인을 떠나가게 하는 것이다. 이들은 버림받지 않기 위해 자해하며 자살하겠다고 위협한다. 연인의 이별 통보 앞에서 자살을 시도해서 입원하는 경우도 많다. 이들의 내적 공허는 쉽게 채워지지 않기에, 자신을 망가뜨릴 수 있는 중독에 쉽게 빠져들곤 한다. 술이나 폭식, 위험한 성관계에 중독되는 경우도 있다.

유기에 대한 공포는 어린 시절에 기원한다. 심한 학대, 폭력, 부모와의 외상적인 분리가 있었던 가정환경에서 자란 경우가 많고, 대부분 일관적이지 않고 예측 불가능한 양육을 받았다는 연구 결과도 있다. 이들은 성인이 된 후에도 부모로부터 버림받는 공포, 유아기의 위기를 반복적으로 재경험하고 있는 것이다. 건강한 발달과정을 거친 사람들은 양육자가 눈앞에 보이지 않아도 존재한다는 사실을 안다. 자기 안에 안정된 대상을 내면화하기 때문이다. 하지만 경계선 성격장애인 사람들에게는 안정된 내적 대상이 존재하지 않는다. 따라서 혼자서는 공허함을 채울 수 없다.

경계선 성격장애는 어떻게 치료해야 할까? 성격장애 중에서도 경계선 성격장애는 치료하기가 굉장히 어려운 것으로 알려져 있다. 전문 상담자라고 하더라도 경계선 성향을 가진 내담자의 분노와 적대감을 꿋꿋이 버티어내면서 성장과정의 결핍을 채워주는 과정이 쉽지 않기 때문이다. 이들은 상담자를 흑과 백으로 나누며 이상화했다가 평가절하하며, 강렬하고 불안정한 대인관계 패턴을 상담자와의 관계에서도 고스란히 드러낸다. 내면에 기본적인 신뢰와 안정감을 심어주기 위해선 기본적으로 장기간의 심리치료가 필요하다. 자해와 자살 위험이 높기 때문에 신중한 개입이 필요하며, 또한 경계선 성격장애에 흔히 동반하는 우울장애나 불안장애, 섭식장애, 약물사용장애 등에 대한 치료도 필요하다.

경계선 성격장애를 치료할 때에는 어떤 과정을 거칠까? 혹은 경계선 성향을 앓는 이들이 상담을 받을 수 없는 상황에 있다면 어떻게 자기 파괴의 늪에서 벗어날 수 있을까? 전문적인 치료를 받을 수 없는 상황이라면 심리치료에서 지혜를 얻어보자. 우선 흑과 백으로 나누는 인지적인 패턴을 관찰해보도록 한다. 이분법적인 사고패턴으로 인해 감정이 더욱 극단으로 치닫게 되므로, 객관적인 관찰자가 되어 자신의 생각을 들여다보도록 한다. 누군가가 지극히 미워지거나 아주 좋아질 때, 자신이 지나치게 극단적으로 생각하지는 않는지 관찰하는 것이다. 악마인가, 천사인가? 흑인가, 백인가? 그 중간지대는 존재하지 않는가? 한 사람 안에 선한 면도, 악한 면도 존재할 수 있으며 완벽하게 선하거나 악한 사람은 없다는 것을 깨닫는 것이 중요하다.

또한 극단적인 분노나 슬픔을 느낄 때에는 심호흡을 하면서 그 감정을 느끼는 자신과 분리된 자기를 상상해보도록 한다. 감정을 관찰하며 조율하고 통제하는 건강한 자아를 발달시켜야 하는 것이다. 신체의 감각과 내면의 감정을 관찰하면서 "이것은 감정일 뿐이야. 이 감정은 내 자신이 아니야. 이 감정은 그저 지나갈 거야."라고 되뇐다. 순간의 감정에 집착하지 말고 내버려두면, 어느새 그 감정이 사라지는 것을 경험하게 될 것이다. 감정 조절 연습은 쉽지 않다. 하지만 연습을 하다 보면 점차 감정이 곧 자기 자신이 아니라는 것을 깨닫고 통제하는 방법을 알아갈 것이다.

4

늘 주인공이어야 하는 여자,
항상 세상의 중심인 남자

연극성 성격장애

"나는 모든 사람으로부터 사랑받아야만 한다."

"날 좋아하는 것처럼 말해놓고 사귀기로 했으면서 하루만에 안 되겠다고 하고, 나를 비참하게 차버리더니 잊어버릴 만하면 연락이 와요. 제가 그 여자 때문에 일 년은 술과 담배에 절어 살았어요."

정훈은 상담시간에 20대 초반을 회상하며 치를 떨었다. 작은 시골 마을에서 높은 성적을 자랑하던 모범생 정훈은 서울의 유명 대학교 공대에 진학했다. 익숙하지 않은 낯선 도시에서 자취생활을 하던 순진한 시골 총각은, 대학 친구들과 미팅 자리에 참석할 기회가 많았다. 하지만 여학생들 앞에만 서면 얼굴이 빨개지고 무슨 말을 해야 될지 몰랐다. 결국 미팅 내내 아무 말도 못하고 꾸어다 놓은 보릿자

루 마냥 앉아 있던 정훈은 여자친구를 사귀어 보고 싶은 바람만 더 커졌을 뿐 홀로 외롭게 지내야 했다.

하지만 대학 1학년 어느 여름날 여대생들과의 미팅 자리에서 정훈은 인상 깊은 경험을 하게 되었다. 그리 예쁜 얼굴은 아니지만 여성스러운 외모가 눈에 띄는 여학생이 있었는데, 그녀는 지금까지 자기를 무시하던 여느 여대생들과는 달리 정훈에게 먼저 연락하며 매혹적인 웃음을 보냈다. 미팅이 끝나고 집으로 돌아가는 길에 그녀에게 받은 문자메시지는 연애 한 번 못해본 정훈의 마음을 설레게 했다.

"오늘 즐거웠어. 앞으로 자주 연락하면서 친하게 지내면 좋겠다."

날아갈 것처럼 들뜬 정훈은 그녀가 자신을 마음에 들어 한다고 믿었고, 적극적으로 문자메시지를 주고받았다.

"나도 오늘 정말 좋았어. 또 만나고 싶다. 괜찮겠니?"

"그럼, 물론이지."

"다음 주에 영화 보러 갈까?"

"좋아!"

그녀는 정훈의 데이트 제안을 거절하는 법이 없었다. 둘만의 첫 데이트 날, 희고 고운 피부에 찰랑거리는 머릿결, 다소곳한 몸짓과 상반되게 미니스커트 사이로 아슬아슬하게 보이는 흰 허벅지에 정훈의 마음은 설렜다. 정훈은 그녀와 계속 만나면서 걷잡을 수 없이 빠져들었다. 하지만 수개월을 만나도 "좋아한다, 사귀자."라고 고백하지는 못했다. 그녀의 모호한 태도 때문이었다.

"난 너의 행동이 정말 좋아. 네가 말하는 것, 웃는 것, 손짓 하나하나 다 좋아."

"정말 내가 좋아?"

"그런데 있지… 난 남자를 사귀고 싶은 마음이 생기지 않아…. 어느 누군가의 여자가 된다는 것이 두렵거든."

그녀는 사실 마음을 줄 것처럼 다가와 남자를 흔들어놓고 상대가 다가오면 한발 빠지는 밀고 당기기의 고수였다. 절대 사귀어주지 않지만 그렇다고 딱 잘라 거절하지도 않는 그녀의 태도에 정훈은 혼란스러웠다.

'이번엔 확실히 내 여자로 만들어야겠다.'

어장 속의 한 마리 물고기

정훈은 자신을 거절하지 않는 그녀가 '나를 좋아하는 것이 틀림없다.'라고 생각했다. 하지만 무언가 사정이 있어서, 아니면 남자를 한 번도 사귀어보지 않았기 때문에, 혹은 너무 순진해서 본격적인 연애로 돌입하지 않는 것이라고 믿었다. 정훈은 크리스마스를 앞두고 친구들에게 조언을 얻어 그녀에게 줄 선물을 구입했다. 값비싼 목걸이와 귀걸이, 반지 세트였다. 대학생의 용돈으로 구입하기에는 벅찬 감이 있었지만, 그녀를 자기 여자로 만들기 위해서는 수개월간 과외 아르바이트로 모은 돈을 쏟아부어도 아깝지 않았다.

"크리스마스에 뭐할거니? 우리 만날까?"

"크리스마스? 음, 그날은 가족이랑 같이 시간 보내야 되는데. 우리 가족은 항상 크리스마스는 같이 보내거든."

"아, 그래…?"

"그다음 날은 어때? 26일은 시간이 되는데."

좋아하는 여자를 만나 12월 26일에 고백하기 위해 정훈은 수십 번 연습했다.

"뭐라고 말해야 좋을까? 내 여자가 되어줄래? 나랑 사귀자? 너무 식상한데…."

고민 속에서도 26일은 다가왔고, 정훈은 벅찬 가슴으로 약속 장소로 향했다. 하지만 어렵게 꺼낸 고백에 그녀는 고개를 가로저었다.

"아니, 그건 아닌 것 같아. 난 너를 친구로 좋아해. 도무지 남자로는 보이지 않는 걸."

이후 그녀는 연락을 끊어버렸다. 정훈은 혹시나 하는 마음에 전화를 걸고 문자메시지를 보내봤지만, 그녀는 묵묵부답일 뿐이었다. 정훈은 자기가 뭘 잘못했는지 끊임없이 생각했다. 그리고는 비참함에 절어 자책하기 시작했다.

'내가 남자로서 그렇게 별로인가? 내가 한 여자에게 이토록 매력을 줄 수 없단 말인가?'

술과 담배로 고통을 잊으며 살아가다 아픔이 잊혀질 즈음 그녀에게서 연락이 왔다.

"어떻게 지내니? 보고 싶었어."

상처만 준 사람이었지만, 정훈의 가슴은 다시 두근거렸다. 정훈은 희망고문 속에서 그녀를 잊기가 더 힘들어졌지만, 그녀는 곧 다른 남자와 결혼해버렸다. 재수시절부터 5년간 사귀었던 한 남자와 말이다.

정훈은 그녀가 결혼한 후에야 그녀에게 오래 만난 연인이 있었다는 사실을 알게 되었다. 정훈은 자신은 그저 장난감이었을 뿐이었다는 사실을 깨닫고 분노했다. 그녀는 결혼 후 3개월 만에 이혼하고 다시 정훈을 유혹하기 시작했지만, 이미 상처받은 정훈의 마음을 돌릴 수는 없었다.

정훈은 첫 여자에게 크게 데이고 모든 여자들은 이럴 거라며 성급하게 일반화해버린 이후 불특정 다수의 여자들을 향해 분노의 씨앗을 품게 되었다. 이후에도 정훈은 비슷한 패턴을 반복하며 여자에 대한 분노를 키우는데, 안타깝게도 그는 비슷한 성향을 가진 여자들에게 끌리곤 했던 것이다.

지나치게 매력적인 여자

지나치게 화려하고 유혹적이면서 민감한 여자. 남자의 말에 과장스러울 정도로 반응해주고, 자주 웃어주는 여자. 사랑과 관심에 세상 다 얻은 듯 기뻐하며 강렬한 감정을 표현하는 여자. 아주 잠깐 스치는 눈빛에도 떨림을 만들어내는 여자. 끌어당기지만 다가오면 다시 밀쳐내는 사람, 밀고 당기기의 고수, 히스테리.

정신의학적 용어로 '연극성 성격'을 가진 사람들은 사랑이 제일 중요하고 자신이 제일 주목받으려는 성향이 있다. 상황에 어울리지 않게 유혹적인 것이 특징인데, 정작 안정적인 관계를 맺지는 못한다. 세상 모든 사람을 유혹할 듯 행동하지만, 누군가와 친밀한 관계를 맺는 것은 두려워하기 때문이다. 강렬하고 과장된 감정 표현 아래 껍데기처럼 타인의 반응에 의해서만 존재를 인식하는 텅 빈 자아가 있다. 사람들과 친하고 가까워 보이지만, 관계는 피상적이고 애정에 대한 허기는 멈추지 않는다. 동성친구와 관계 맺는 데 서툴기 때문에 주로 이성들과 친구도 아니고 애인도 아닌 관계를 이어간다. 그렇기 때문에 자연스레 '어장관리'로 이어져서 주변에 많은 이성을 두고도 어느 한 사람에게 정착하지 못하고 맴돈다. 한 사람과 연인관계를 맺는다고 하더라도 여전히 다른 이성에게 유혹적으로 행동하며 연인의 질투를 유발한다. 하지만 자신의 감정과 행동에 대한 통찰이 없기 때문에 본인이 유혹적이라는 사실을 알게 되면 깜짝 놀란다. 실컷 상대방을 유혹해놓고서는 오리발을 내민다.

"내가 언제 너 좋아한대? 너 혼자 왜 이래? 난 그냥 친한 친구 사이라고 생각했을 뿐이라고!"

결국 어장관리당한 사람만 황당한 상황에 처하게 된다.

정훈은 첫사랑에 대한 상처를 30대까지 간직했고, 쓰라린 아픔에 이를 악물곤 했다. 연극성 성향을 가진 여성들에게만 빠져들고 결국엔 어장관리당하다가 차이는 악순환 속에서 여성들에 대한 분노는 점점 커져만 갔다. 상담을 통해 자신의 연애패턴을 깨달은 정훈은 '나는 그녀에게 심심풀이 땅콩이었나.'라며 눈물을 삼켰던 기억을 이제는 지워버리려 노력했다. 상처로만 남은 아픈 기억은 정훈을 성숙한 사람으로 성장시키는 동력이 되었다.

정훈은 이제 사람을 만날 때 화려한 외모와 피상적인 웃음에 본능적으로 끌리기보다는 진실한 마음과 인간에 대한 배려가 있는가를 먼저 보게 되었다. 제대로 사랑할 줄 아는 사람을 만나고 싶기 때문이다.

어장관리하는 사람의 심리는 애정에 대한 갈구에 있다. 사랑을 누구보다 갈망하기에 타인을 유혹하지만 정작 사랑을 제대로 하지 못한다. 그렇기 때문에 애정결핍이 채워지지 않는다. 밑빠진 독에 물 부으려니 애꿎은 주변 사람들만 마음이 타들어간다.

"이 사람, 날 좋아하는 거야, 아닌 거야? 나랑 사귀겠다는 거야, 아닌 거야?"

혼란스럽게 하는 그 사람 때문에 오늘도 희망고문 속에서 애태우는 무수한 이들이여. 당신은 혹시 어장을 탈출할 필요가 있는 한 마리 물고기는 아닌가?

연극성 성격장애, 나는 늘 주인공이어야 한다

    상담센터에는 가끔 치료진을 설레게 하는 내담자들이 찾아온다. 미혼의 젊은 남성 치료진들은 화려한 외모와 매혹적인 태도로 "선생님이 좋아요."를 연발하는 여성 내담자들에게 노골적인 유혹을 받기도 한다. 이들은 보호병동에 입원할 경우 남자 환우들의 인기를 한 몸에 받는다. 화사한 외모에 매력적인 웃음, 강렬하고 극적인 감정 표현, 아리송한 태도로 은근한 호감을 전하며 친밀하게 다가오는 그녀들에게 누군들 끌리지 않을까. 연극성 성격을 가진 이들이 모두 여성인 것은 아니다. 남성 또한 연극성 성향을 나타낼 수 있고, 마찬가지로 지나치게 애정을 갈구한다.

    이들은 매력적으로 보이지만 그 매력은 오래가지 않는다. 관리되고 있는 어장 속 물고기 중 한 마리였다는 사실을 깨닫는 것 말고도, 늘 관심과 애정의 대상이 되고자 하는 그들의 태도에 사람들은 이내 지쳐버린다. 그들은 주변 이성들과 수없이 염문을 뿌리면서도 정작 자신은 이유를 모르겠다는 듯 순진한 얼굴을 하고, 동성과는 경쟁관계를 만들면서 긴장감을 조성한다. 다른 사람이 더 관심을 받거나 주목받으면 우울해하거나 짜증을 내고, 역시 경쟁구도를 만든다. 주목받기 위해 강렬하게 감정을 표현하고 연극적인 어조로 말하지만, 너무나 과장된 태도는 오히려 진실성이 결여되어 보인다. 그러다 보니 많은 사람들과 친한 듯 보이지만 정작 깊이 있는 우정을 나누는 친구는 없다. 실제 관계보다 친밀하게 생각하지만, 피상적인 관계로만 머무는 경우가 많다.

많은 이성을 주변에 두고 관리하지만, 자신이 유혹적이라는 사실은 인식하지 못한다. '편한 사람이라서 친하게 지내는 것뿐인데 뭐가 문제가 되느냐.'라는 태도다. 상대가 자신을 이성으로 좋아한다는 사실을 알면서도 안정된 연인으로 정착하지 않고 그 상황을 즐기는 경우가 많다. 동성친구들은 미묘하게 경쟁적인 태도에, 자신의 남자친구를 빼앗길 것 같은 불안감에, 지나치게 애정을 갈구하는 태도에 그들을 멀리하게 된다.

어울리지 않게 유혹적인 태도로 많은 이성을 주변에 두려는 그들의 태도는 애정에 대한 갈망에 근원한다. 정작 그들은 모성을 추구하는 것이다. 무의식적으로는 무조건적으로 수용해주고 사랑해주는 어머니의 사랑을 갈구하고 있으니, 이성에게 인기가 많다고 해도 그 허기가 채워지지 않는 것이다. 이들은 사람들과 피상적인 관계를 반복하면서 뭔가 부족하다는 것을 느낀다. 따라서 그들은 늘 관심과 주목의 대상이 되어야 하고, 자신을 향한 타인의 찬사는 끊이지 않고 지속되어야 한다. 자신이 무대 위의 주인공이 되지 않으면 쉽게 우울해진다. 자신은 반드시 모든 사람에게 사랑받아야 한다고 생각하기 때문이다.

모든 사람에게 사랑받겠다는 욕심을 버리자

연극성 성격이 항상 부정적인 것만은 아니다. 연극성 성격을 긍정적으로 승화시킬 수 있다면 연예인이 되거나 주목받는 위치에 올라 자신뿐만 아니라 타인에게도 이로운 삶을 살 수 있을 것이다. 하지만 '모든 사람들에게 사랑받고 싶은 욕심' 때문에 사람들과의 관계에서 오히려 결핍감만 가중되고 있다면, 한걸음 멈추어 서서 자신의 내면을 들여다볼 필요가 있다. 사랑받고 싶은 욕구가 오히려 당신을 소외시킬 수 있기 때문이다.

자신은 사교적이고 친근하다고 생각하지만, 타인의 눈에는 변덕스럽고 요구가 많은 사람으로 비치기 쉽다. 자신이 어떻게 보이는지 지나치게 신경 쓰지만, 과장되고 피상적으로 행동하기 때문에 사람들은 오히려 진실하지 않게 느낄 수 있다. 사람들은 당신의 그런 모습에 거리감을 느끼는 것이다. 또한 타인의 반응에 지나치게 관심을 두는 태도 때문에 정작 자기 내면을 외면할 수 있다. 타인과 분리된 존재로서 자기 정체감이 부족하며, 타인과의 관계에서만 자신을 파악하는 것이 가능한 것이다. 이런 패턴에서 벗어나기 위해서는 타인의 반응에 주목하기보다, 자신의 내면에 주의를 집중하고 관찰해보자. 나는 지금 무엇을 느끼는가? 무엇을 원하는가? 자신의 관점으로 스스로를 바라보며, "당신이 나를 좋아하니까 기쁘다."가 아니라 "나는 내 스스로를 있는 그대로 사랑한다."라고 되뇌어본다.

당신은 누군가에게 거절당하는 것, 사랑받지 못하는 것을 끔찍한 위기로 느낄 수 있다. 하지만 "거절당한다는 것이 그리 큰일은 아니다."라는 사실을 깨달아야 한다. 타인의 관심 여부와 반응에 따라 일희일비할 필요는 없다. 당신은 지금 모습 그대로 소중하다. 누군가가 당신을 사랑해주는 것보다 당신 스스로 자신을 사랑하는 것이 더 필요하다. 평온한 생활과 안정된 사랑이 있는 삶을 살기 위해 사랑에 대한 과도한 욕심을 내려놓자.

5

남편을 믿지 못하는 여자,
아내를 믿지 못하는 남자

의처증과 의부증의 심리

"당신이 나를 사랑할 리 없다."

"남편이 바람을 피우고 있는 게 분명해요. 남편이 자꾸 나한테 미쳤다고 하는데, 내가 이상한 게 아니라는 걸 증명하려고 같이 병원에 왔어요."

통통한 체격의 중년 여자는 미간에 깊이 패인 주름이 오랜 고뇌의 흔적을 말해주듯 우울하고 기력이 없어 보였다. 하지만 상담자를 마주한 그녀의 눈빛과 말투는 확신에 가득 차 있었다. 어떤 이유로 남편이 바람을 피우고 있다는 생각이 드는지 묻자 한층 더 단호한 태도로 말했다.

"남편이 일 끝나고 집에 돌아오면, 피곤하다면서 정신없이 자요. 그게 증거죠. 바람을 피우고 온 증거. 그거뿐이게요?"

여자는 휴대전화를 꺼내 사진첩을 열었다.

"자, 여기 보세요. 남편 속옷에 묻은 거예요. 이걸 어디서 묻혀 왔겠
어요? 이게 증거예요."

두 눈에 가까이 대고 사진을 자세히 들여다보았지만 누구나의 속
옷에 묻어 있을 만한 누리끼리한 이물질뿐이었다.

"어쩌다 속옷에 때가 묻을 수도 있을 것 같은데요…."

"아뇨, 아뇨. 남편이 바람피우고 있는 게 확실해요. 제가 얼마나 점
을 보러 다녔는데요. 근데 하나같이 다 그래요. 남편한테 여자가 있
다고. 여자가 있는 게 확실하대요."

부부는 이혼 직전의 아슬아슬한 상황이었다. 아내는 남편이 결혼
후 줄곧 바람을 피웠다고 주장했고, 남편은 아내가 얼토당토 않는
사실을 진짜라고 믿는 마음의 병에 걸렸다고 주장했다. 누가 맞는
걸까? 그들은 '남편의 외도'라는 주제로 지난한 싸움 끝에 결국 병원
을 찾아왔다.

남편은 정말 외도를 했던 걸까? 남편은 진지한 눈빛으로 그런 일
은 진정 없었다며 억울함을 호소했다. 남편이 감쪽같이 속이고 거짓
말을 하는 것일까, 아니면 아내의 생각이 만들어낸 망상에 불과했던
것일까? 위태로운 결혼생활이 더이상의 파국으로 치닫기 전에 정확
한 평가와 판단이 필요한 상황이었다.

    부부는 심리평가와 면담 과정을 거쳤고, 결국 아내에게 의부증이 있는 것으로 판정되었다. 배우자의 정절을 끊임없이 의심하는 의부증이나 의처증은 망상장애(delusional disorder)에 포함된다. 망상장애는 정신증적 장애 계열의 다른 장애들처럼 일상생활에 심각한 손상을 미치지는 않지만 명백한 망상이 지속되는 정신장애를 의미한다. 일반적으로 정신분열증처럼 시간이 지남에 따라 인지기능의 손상이 오는 것도 아니고, 별다른 환각이 동반되지도 않는다. 망상과 관련 있는 분야 외에는 무난하게 적응하는데다, 왠지 그럴듯하고 현실에서 있음직한 망상을 갖고 있기 때문에 망상장애 환자의 주변 사람들은 환자의 주장과 설득에 감쪽같이 넘어가기도 한다.

    아내는 면담하면서 내리 눈물을 흘렸다.

    "내가 외모도 가꾸고 여느 여자들처럼 예쁘다면 남편이 바람을 안 피웠을 텐데…."

    아내는 답답한 듯 두 손으로 가슴팍을 잡고 얼굴을 찌푸렸다.

    "내가 얼마나 힘든지…. 아, 정말 남편 때문에 너무 화가 나요. 남편이 바람피우는 것만 아니면 우리 집안은 다 괜찮아요. 그것만 아니면…."

    남편의 사랑에 대한 갈증 때문에 불행하고 결핍된 여자였다.

    하지만 남편은 전혀 다른 이야기를 했다. 그는 훤칠한 키에 늘씬하고 이목구비가 뚜렷한 멋있는 중년 남성이었다. 하지만 결혼생활의 오랜 불화 때문에 지쳐 있었고, 기력이 모두 빠진 채 눈물을 글썽이며 말했다.

"너무 억울합니다. 아내가 아픈 것 같아요. 마음의 병이 걸린 것 같아요. 맹세코 바람피우는 것이 아닙니다."

남편은 아내의 집착과 의심 때문에 오랜 세월 함께 해온 아내와의 결혼생활을 포기하고 싶을 정도로 지쳐 있었다. 남편이 매일 정시에 퇴근해 집에 돌아오는데도 아내는 불안에 떤다고 했다. 분명 회사의 점심시간이나 쉬는 시간을 이용해 내연녀를 만나고 있을 거라 주장한다는 것이다. 아내는 남편에게 하루에도 수십 번 전화를 걸고 100통 이상의 문자를 보내며 수차례 위치 추적을 했다. 잠시라도 전화를 받지 않으면 지인이나 회사에 전화를 했다. 또한 매일 속옷과 양말 자국, 체취를 꼼꼼히 확인했고 남편이 잘 때 코를 골면 깨워서 "어디서 바람피우고 왔기에 이렇게 피곤해하느냐."며 괴롭혔다.

남편은 끝없는 의심에 시달리며 믿을 수 없을 정도로 힘겹게 살고 있었다. 하지만 남편은 아내의 의심을 풀어주면 문제가 해결될 거라고 생각하고 아내가 어떤 요구를 하던 다 받아주었다. 전화를 꼬박꼬박 하는 것은 물론 아내가 메시지를 보내면 즉시 응답을 하고 위치 추적까지 허락했다. 하지만 아내의 의심은 더욱 강한 확신이 되어 사라질 기미가 보이지 않았다.

"아내가 제발 사람이라도 붙여서 확인해봤으면 좋겠어요. 외도하지 않는다는 걸 확인하면 편안해질 거 아닙니까."

남편은 어떻게 해서든 자신이 결백하다는 사실을 알리고 싶어했다.

아내에게 사람을 붙여서 남편을 미행하거나 혹은 바람피우는 현장을 목격하는 등 직접적인 증거를 발견한 적이 있느냐고 물었다.

"사람을 붙여본 적은 있어요. 그런데 아무것도 안 나오더라고요. 귀신같이 바람을 피우는 거죠. 이게 사람을 붙여서 알 수 있는 건 아니에요. 몰래몰래 여자를 만나는데 어떻게 잡아요."

"다른 여자와 전화통화를 했던 흔적이나, 메시지나 이메일을 통해 흔적을 발견했던 적이 있으세요?"

"아뇨, 그런 게 전혀 없어요. 싹 다 지우는 것 같아요. 아니, 아마 회사 전화로 통화를 하는 것 같아요."

아내가 남편을 의심하게 된 현실 속의 근거를 찾으려고 해봤지만 도저히 찾을 수가 없었다. 단지 아내의 확신만 있을 뿐이었다. 반대 의견을 제시할수록 아내는 더 강력한 태도로 상담자를 설득하려 했다.

사랑에 대한 채워지지 않는 갈망, 망상을 낳다

심리평가 결과 아내는 강한 애정욕구와 의존욕구를 보였다. 사랑받고 싶은 바람이야 누구나 있다지만, 그 욕구가 보통 사람들보다 훨씬 더 큰 사람이었던 것이다. 그녀는 상대가 보여주는 강한 애정표현과 확신을 통해 자기 가치감을 확인받고 싶어했다. 하지만 남편은 내성적이고 말수가 적은 성격이라 살가운 표현에 익숙하지 않았다. 묵묵히 일에만 몰두하고 집에 와선 조용히 신문을 보거나 텔레비전을 보고, 혹은 책을 읽다가 잠드는 생활을 해왔다고 한다.

"집에서 잠만 자고 가는 하숙생과 사는 기분이었어요."

그녀는 남편과 같이 있어도 늘 외로웠다. 대화를 하고 싶었지만 언제부터인가 심리적 거리감이 생겨 부부가 아닌 각자의 삶을 사는 느낌이었다. 그녀는 누구보다도 더 사랑을 갈망했지만 자존감이 낮았고 여성으로서의 자신감마저 흔들리고 있었다. 길거리를 지나가는 젊고 아름다운 여성들을 볼 때면 여자로서의 자신은 점차 빛을 잃어가고 있다는 위협을 느꼈다. 그런 그녀에게 남편의 사랑이 언젠가 덧없이 사라질지도 모른다는 생각, 결혼생활이 불행하게 끝나버릴지도 모른다는 생각이 크게 자리 잡은 것이다. 이런 생각은 현실 검증력이 떨어지면서 망상으로까지 발전한 것으로 보였다.

너무나 사랑하지만 사랑하지 않는 이만 못했다. 누구보다도 남편의 사랑을 원했지만 지나친 소유욕으로 인해 상대는 떠나가고 싶어했다. 세상에서 가장 사랑하기 때문에 증오하며 괴롭혔다. 쓸쓸한 사랑의 역설이었다. 사랑은 신뢰와 함께할 때 가장 아름다운데, 이 부부는 마음의 병 때문에 신뢰를 버리고 아프게 살아가고 있었다.

배우자에 대한 의심, 오셀로 증후군

망상이란 논리적인 설득이나 반증할 수 있는 객관적인 증거가 있음에도 변하지 않는 잘못된 믿음을 말한다. 망상장애의 일종인 의부증과 의처증은 배우자에 대한 의심이 주가 되는 '질투형 망상'을 말하며, 셰익스피어의 희곡 『오셀로』에서 주인공 오셀로가 보이는 증상과 유사해 '오셀로 증후군'이라고도 불린다.

결혼생활을 하면서 배우자에게 사소한 의심을 품을 수는 있지만, 의부증과 의처증의 경우엔 이 의심이 강한 확신에 이르러 결혼생활을 파국으로 치닫게 하는 원인이 된다. 외도 사실을 털어놓으라며 배우자를 압박하고, 불륜 증거를 찾기 위해 일거수일투족을 추적하고 조사하는 등 과도한 시간과 비용을 쏟는다. 아내를 의심하는 남편들의 경우에는 가상의 불륜 상대에 대한 질투를 못 참고 폭력 행동을 보이기도 한다.

이런 의심과 질투에 시달리는 배우자는 자신이 실제로 하지도 않는 외도 때문에 고통을 당한다는 사실에 억울하고 분통이 터지지만, 논리적인 설득과 반박에도 상대방의 의심은 사라질 줄 모른다. 외도 사실을 반박해도 의부증·의처증이 있는 배우자는 오히려 외도 사실을 입증하는 증거를 찾기 위해 혈안이 된다.

주변 사람들 또한 '뭔가 의심받을 만한 짓을 한 것 아니냐.'라며 눈총을 보내는 경우가 있어, 그에 따른 억울함은 우울증이나 화병으로 발전하기도 한다. 배우자의 '질투망상'에 시달리는 이들의 결혼생활은 끊임없는 의심과 감시가 지속되는 감옥 같은 고통스러운 삶인 것이다. 그들 사이에 사랑은 없어진 지 오래다.

망상장애가 발병하는 사람들은 본래 의심이 많은 편집증적 성격을 갖고 있는 경우가 많다. 망상장애는 상대방의 사소한 태도에도 지나치게 예민하게 생각하며 쉽게 앙심을 품고 서운한 일을 잊지 못하는 사람이나, 까다롭고 불평이 많으며 무슨 일이든 그냥 지나치지 못하는 사람에게서 자주 나타난다. 사소한 일에도 의심을 품는 복잡한 성향은 '망상'을 만들어낼 수 있다.

그중에서도 '질투망상'의 경우에는 낮은 자존감과 배우자에 대한 깊은 열등감이 기반이 된다. 마음 깊은 곳에 '나는 부족한 존재다. 당신이 나 같은 사람을 사랑할 리 없다.'라는 생각이 뿌리 깊이 박혀 있으며, 이런 생각은 배우자가 가진 것으로 전가된다. 즉 자신의 생각과 감정을 무의식중에 배우자의 것이라고 생각하며, 결국 배우자가 자신을 충분히 사랑하지 않는다는 결론에 두달한다. 혼자만의 생각이 객관성을 잃고 현실 검증력을 상실해 '배우자가 외도를 한다.'라는 망상 수준에 이르게 되면, 자신의 믿음을 입증하는 정보만을 찾는데 지나치게 주의를 기울이고, 그와 반대되는 증거는 무시해버림으로써 망상이 지속되고 강화된다.

그렇다면 망상은 어떻게 치료해야 할까? 망상은 정신증적인 증상이기 때문에 전문적인 치료를 받는 것이 시급하겠지만, 망상장애를 가진 사람들은 자신의 생각이 '망상'이라는 것을 깨닫지 못하기 때문에 스스로 치료를 받으러 오는 경우는 거의 없다. 이들은 자신의 망상에 대한 인식도, 치료 동기도 없기 때문에 가족이나 지인이 망상을 가진 사람을 치료기관에 데려오는 과정은 매우 힘이 든다. 따라서 이런 경우 망상에 직접 도전하지 말고 중립적이고 온화한 태도를 지키며 정신보건 전문가의 치료를 권하는 것이 좋다. 즉 '망상을 치료해야 한다.'라고 설득하기보다는 '불안하고 힘든 마음을 털어놓다 보면 마음이 훨씬 편해질 것이다.'라며 부드러운 태도로 심리치료를 권유해야 한다.

망상장애에 빠진 사람들은 망상으로 인한 불안이나 우울이 수반되는 경우가 많으므로, 불안하고 힘든 마음을 편안하게 터놓고 마음의 안정을 찾을 수 있는 기회라고 이야기해주는 것도 좋다. 의처증이나 의부증일 경우에는 부부관계를 개선하기 위해 부부상담을 받으라고 권유해보는 것도 도움이 된다.

망상에 사로잡힌 사람에게 '그 믿음은 단지 망상일 뿐이다.'라고 말해봤자, 대부분 소용이 없다는 사실을 기억하자. 망상을 반박할수록 오히려 환자의 분노와 저항, 적대감만 유발할 수 있기 때문이다. 논리적으로 설득하고자 하면 망상을 더욱 확고하게 주장하며 조언하는 사람조차 의심하게 되는 경우가 많으므로, 반박을 통해 망상을 없애려는 시도는 하지 않도록 해야 한다.

그것보다는 환자의 불안을 보듬어주며 전문적인 치료를 받을 수 있도록 유도해야 한다. 망상장애에 대한 전문적인 치료는 망상을 표적으로 한 약물치료와 더불어 망상을 형성한 근원적인 원인이었던 낮은 자존감과 결핍된 애정욕구, 부부관계 등을 다루는 심리치료를 포함한다.

6

착한 여자,
남자에게 버림받다

좋은 사람 콤플렉스, 피학적 성격

"나는 희생해야만 사랑받을 수 있어."

지원은 늘 착한 여자였다. 5년째 일하는 회사에서 '남 일을 잘 도와주기로 소문난' 사람이었다. 회사 동료들은 소극적이고 사람들과 눈도 제대로 마주치지 못하는 지원을 은근히 따돌렸지만, 힘든 일이 있을 때면 그녀에게 부탁했다.

"지원 씨, 이 일 좀 같이 해줄 수 있어요? 집에 급한 일이 생겨서 가야 되는데…."

"많이 급한 일이에요?"

"응, 지원 씨가 워낙 일을 잘하니까 도와주면 살 것 같은데…."

지원은 회사 동료들의 일을 떠맡아 밤 늦게까지 야근하기 일쑤였다. 다른 사람들은 모두 퇴근하고 혼자 늦은 밤까지 불을 밝히며 일을 하다가, 때론 눈물이 울컥 쏟아지기도 했다.

'내가 왜 이렇게 살고 있지.'

늘 다른 사람의 부탁을 받아주기만 하는 지원은 거절하는 방법을 몰랐다. '안 돼요.' 라고 말하면 상대가 내 존재를 거부할 것만 같았다.

'나를 받아주세요.'

그녀의 소리 없는 외침은 묵묵히 다른 사람들의 뒤치다꺼리를 해주는 행동으로 나타났다. 타인으로부터 소외당하는 것이 가장 두려웠기에 상대방이 어떤 요구를 하든 다 들어주게 된 것이다. 누군가에게 사랑받고 싶지만 동등한 입장에서 사랑을 주고받을 줄 모르는 지원은 사람들 사이에서 늘 희생양이 되었다. 가슴에는 시퍼렇게 멍이 들고 눈물이 흘러도 내 상처를 보듬고 표현할 줄 몰랐다. 다만 가끔씩 머리가 깨질 듯 아프고 숨이 막혀오기만 했다.

그런 그녀에게 다가온 승민은 구세주 같았다. 20대 후반까지 한 번도 남자를 사귀어보지 않은 지원에게 회사 동료였던 승민은 그녀를 이해해주는 유일한 사람이었다.

"이런 일을 왜 너 혼자 다 하려고 하니. 내가 도와줄게. 같이 하자."

지원은 다정한 남자였던 승민에게 빠져들었다. 승민은 이미 4년이나 사귀던 사람이 있었지만 오래 사귄 연인을 두고 지원을 사랑하게 되었다고 속삭였다.

"사귀던 사람은 곧 정리할게. 널 사랑해."

연애를 하는 6개월 동안 온 세상을 다 가진 것 같이 기뻤다. 지원은 승민과의 사랑을 확신했고 둘은 몸을 섞었다. 승민은 달콤한 말로 결혼을 약속했고 지원은 행복한 가정을 만들 수 있을 거라 믿었다. 지원은 평소 다른 이들에게 그랬던 것처럼 승민에게도 착한 여자였고, 승민이 어떤 행동을 해도 언제나 참아주었다. 주말이면 연락이 되지 않는 남자친구가 "낮잠을 자느라 전화를 못 받았다." 라거나 "밀린 일을 하느라 바빴다."라고 핑계를 대면, 그런가 보다 하고 넘어갔다. 남자친구의 사소한 부탁을 잊지 않고 기억해두었다가 들어주었고, 수백만 원 가량의 돈을 빌려주기도 했다. 남자친구가 원하는 것이라면 어떤 것이든 들어주었다. 지원은 별 볼일 없는 자신을 사랑해주는 승민에게 무엇이든 줄 수 있다고 생각했던 것이다. 그녀가 누군가와 관계를 맺는 유일한 방법은 헌신뿐이었다. 결국은 헌신짝처럼 버림받을 뿐이었지만.

승민은 어느 날 갑자기 지원에게 청천벽력 같은 소식을 알렸다.

"예전에 만나던 여자친구가 임신했어. 미안하다. 그 사람이랑 곧 결혼하기로 했어."

승민은 결혼을 약속했던 지원을 두고 다른 사람을 여자친구라고 부르며 지원에게 일방적으로 이별을 통보했다. 지원은 하늘이 무너지는 것 같았지만 한마디 말도 못하고 커피숍을 뛰쳐나왔다. 정신이 어지럽고 언제라도 쓰러질 것 같이 위태로웠다. 모든 게 꿈만 같고 현실 같지 않았다.

'나를 만나면서, 언제 그 사람을 만난 거였지? 대체 언제…. 그토록 나를 사랑한다고 했으면서.'

지원은 헤어지자는 승민의 말이 거짓이라고 믿고 싶었다. 자신에게 닥친 일이 진짜가 아니라고 믿고 싶었다. 지원은 승민에게 아무것도 잘못한 것이 없고, 그동안 자신이 가진 모든 것을 주었는데 왜 다른 여자를 만났는지 이해되지 않았다. 지원은 마음의 상처 때문에 회사마저 그만두고 방에서 홀로 웅크린 채 시간을 보냈고, 사람들과의 모든 접촉을 스스로 끊어버렸다.

어느 날부터는 혼자 있어도 승민의 목소리가 들리기 시작했다.

"헤어지자는 말은 거짓이었어. 난 아직도 너만 사랑해."

"그 여자랑은 아무 사이도 아니야."

"결혼하자."

지원은 마치 현실처럼 위장한 마음속의 거짓된 목소리와 대화를 나누기 시작했다.

"승민 씨, 나도 승민 씨만 사랑해."

"그 여자를 싫어하게 될 줄 알았어."

"우리 결혼해서 행복하게 살자."

도저히 받아들이기 힘든 눈앞의 현실을 부정하면서 눈을 질끈 감았다. 그러면서 스스로 만든 상상 속의 세계에 빠져 상처받은 마음을 위로했다. 하지만 지원이 마주한 현실은 잔인하기만 했다.

"만나줄래? 너한테 할 이야기가 있어."

갑작스런 승민의 문자메시지에 지원은 마음이 설렜다.

"드디어 나한테 돌아오려고 하는구나."

그녀는 승민을 마주한 자리에서 벅찬 마음을 숨길 수 없었다. 얼굴이 붉게 상기된 채, 이제 갓 사랑에 빠진 사람처럼 가슴이 두근거렸다.

"승민 씨, 기다렸어. 나 정말 오늘만 기다렸어."

하지만 지원은 순간 복잡한 감정이 뒤섞인 승민의 표정을 읽었다.

"오늘 만나자고 한 건 이거 너한테 주려고…."

하얀 봉투에는 꽃이 그려진 청첩장이 들어 있었다. 지원은 자신이 사랑하는 남자와 다른 여자의 결혼을 알리는 청첩장 앞에서 가슴이 무너져내리는 것 같았다.

"승민 씨… 나한테 이걸 주려고…"

"널 잊지 못할 거야. 나한테 잘해줘서 고마웠다. 행복하게 살아라."

"…"

희생해야만 사랑받는다는 환상에서 벗어나자

지원은 승민에게 미처 화도 내지 못했다. 승민이 떠나고 혼자 남겨진 지원은 흐르는 눈물을 멈추지 못하고 집으로 돌아왔다. 그러고는 모든 것을 포기하겠다며 손목을 그었다. 생명이 위태로울 때 다행히 가족들에게 발견되어 응급실에 실려 왔고, 마음의 상처를 치유하는 것이 급선무라는 판단하에 정신병원에 입원하게 되었다. 입원 후 한참이 지나도 지원은 사람들에게 마음을 열지 않았고, 핏기 없는 얼굴로 침대에 웅크린 채 아무런 표정도 없이 시간을 보냈다.

"선생님… 저 이야기하고 싶어요, 제 속마음이요…."

한 달 동안 말없이 지내던 그녀는 어느 날 내게 다가와 상담을 요청했다. 상담자와 마주하고도 슬픔 때문에 고개를 들지 못하던 지원은 눈물을 흘리며 말했다.

"선생님 사랑받고 싶었어요. 내가 희생하면 사랑해줄 줄 알았어요…."

그녀의 눈물은 한참이 지나도 마르지 않았다. 지원은 연인에게 일방적으로 사랑을 주기만 하면 버림받지 않을 거라 생각하고 헌신했지만, 결국은 차가운 이별만이 덩그러니 남았다. 지원은 타인을 배려하는 착한 사람이었지만 안타깝게도 자신의 욕구는 우선순위의 맨 아래에 두고 자기를 보살피지 않았다. 자신부터 사랑하지 않고 남을 사랑하려 한 것이다. 자기 사랑이 없는 타인 사랑, 대가 없이 상대방에게 모든 것을 주려고 하지만 정작 자신에게 아무것도 남지 않는 공허한 사랑은 쓸쓸하기만 했다. 사랑을 주고받는 것은 자기애라는 튼튼한 토대 위에서만 가능하기 때문이다. 자기에 대한 사랑을 바탕으로 하지 않은 타인에 대한 헌신은 결국 나와 타인을 모두 사랑하지 못하는 결말로 향하곤 한다. 나를 사랑하기, 그리고 타인을 사랑하기, 그 온전한 균형을 찾는 것이 왜 이토록 어려운가.

나쁜 남자와 나쁜 여자에게 끌리는 심리

남에게 도움이 된다는 사실을 통해 편안함을 느끼기에 늘 타인에게 베풀기만 하는 자기희생적인 사람들이 있다. 자신의 욕구는 돌보지 않은 채 타인을 중심으로 살아가는 이들은 항상 배려하며 양보한다. 힘든 일이 있으면 스스로 나서서 하고, 웬만한 일은 불평하지 않고 감내한다. 이들은 관대하기에 타인의 결점을 잘 참아주고 가혹하게 꾸짖지 않는다. 관심의 초점이 자신에게 쏠리는 것을 좋아하지 않으므로 타인을 위해 뒤로 물러나며 늘 겸손하다. 타인의 사악한 동기를 의심할 줄 모르기에 순진한 태도로 사람을 만나고, 사려 깊으며 고통을 잘 견뎌낸다. 이들은 선량한 이타주의자로 세상의 빛과 소금 같은 존재라고 할 수 있다.

하지만 자기희생형이 강해질 경우 자신의 욕구를 간과한 채 타인의 욕구만을 위해 살다가 쉽게 지칠 수 있고 자칫 이용당할 수도 있다. 타인이 부당한 요구를 해도 거절을 못하기에 심리적·신체적으로 소진되지만 정작 자신을 돌볼 줄은 모른다. 타인에게 일방적으로 베푸는 것이 더 편하기 때문에 사랑받을 수 있는 기회를 놓쳐버리는 경우가 많고, 자신에게 무언가를 주는 사람과의 관계에서는 불편함마저 느낄 수 있다. '나쁜 남자' 혹은 '나쁜 여자'한테만 끌리는 사람들은 자기희생형 성격일 가능성이 높다. 이기적이고 자신의 욕망만 생각하는 상대방에게 상처받을수록 '내가 더욱 헌신하면 나를 사랑해 줄 거야. 내가 더 많이 주면 날 버리지 않을 거야.' 라고 생각하며 관계에 몰입하는 것이다. 자기중심적이고 강탈적인 상대의 모습에 매혹되면서도, 정작 사랑을 베풀 줄 아는 사람과의 관계에는 끌리지 않기에 건강한 사랑을 주고받는 경험이 빈약하다. 나쁜 남자, 나쁜 여자에게 끌려 상처받으면서도 똑같은 패턴을 반복하고 있다면, 자기 안에 숨은 자기희생형 성격을 돌이켜볼 필요가 있다. 잘 참고 용서하기 때문에 위험에서 벗어나지 못하고 고통스러운 관계를 지속하고 있지는 않은가?

나를 먼저 사랑하는 이타주의자가 되자

자기희생형 성격인 사람이 건강하게 사랑하고 자신의 이타주의를 잘 발현할 수 있는 결정적인 방법은 자신을 먼저 사랑하는 것이다. 자신을 돌보지 않은 채 타인에 대한 사랑에 너무 치우친다면, 결국 당신은 뭔가 잘못되었다는 것을 느끼기 시작할 것이다. 숭고한 이타주의자라고 하더라도, 서운하거나 화가 날 수 있고 지칠 수도 있다.

때로 당신의 욕구를 위해 거절해야 하는 상황도 있을 것이고 다른 사람들이 떠맡긴 일은 내버려두고 휴식을 취해야 할 수도 있다. 누군가에게 착취당하고 이용당하는 관계 패턴을 반복하고 있다면 '이제 그만'이라 외치고 이별을 선언해야 할지도 모른다. 자신을 먼저 돌보고 온전히 사랑하지 않으면, 타인을 제대로 사랑하는 것도 불가능하기 때문이다.

나 자신을 먼저 사랑하는 이타주의자가 되기 위해선, 내 욕구를 들여다볼 줄 알아야 한다. 그렇지 않으면 사람들과 함께 있을 때 자신도 모르게 타인의 욕구만 신경 쓰고 있을 것이다. 이런 패턴에서 벗어나 스스로에게 질문해보자.

'나는 무엇을 원하는가?'

'나는 타인에게서 무엇을 받고 싶은가?'

가장 중요한 것은 자신의 욕구가 무엇인지 살피는 것이다.

이어서 다음과 같이 자기 사랑을 해치는 신념에 도전하고 반박해보자.

"나는 사랑받을 자격이 없다."

"나는 즐거움을 누릴 가치가 없다."

"이기적인 관심에 빠지는 것은 나쁘다."

"나는 희생해야만 사랑받을 수 있다."

당신은 희생하지 않아도 충분히 사랑받을 수 있다. 자신의 욕구를 돌볼 줄 아는 것은 나쁜 일이 아니다.

위의 질문에 반박했다면, 이제는 자기 사랑법을 실천해보자. 먼저 연인 혹은 동료와의 관계에서 거절하지 못하고 부당한 요구를 들어주고 있다면, 적절한 한계를 정하고 '안 된다.' 는 말을 해보자. 당신이 거절해도 세상이 무너지지 않는다는 것을 깨달을 것이다. 또한 당신이 원하는 것을 요구해보자. 상대가 당신의 요구를 들어주지 않아도 세상이 크게 변하지 않는다. 조금씩이라도 자신의 욕구를 드러내기 시작하는 것이 중요하다. 언제라도 누군가 당신을 위해 뭔가를 하겠다고 하면 기쁜 마음으로 받아들이자. 당신은 충분히 사랑받을 자격이 있다.

당신은 늘 타인을 기쁘게 해주기 위해 너무 신경 쓰며 살고 있지는 않은가? 내가 누군가를 위해 지나치게 노력한다고 느낀다면 스스로에게 이렇게 되묻는 것을 잊지 말자.

"내가 정말 원하는 것은 무엇인가?"

7

환상이나 망상과
사랑에 빠지는 슬픈 이유

조울증

왜 나는
늘 허전한 걸까

"나는 사랑받을 수 없는 존재다."

180cm가 넘는 큰 키에 뼈만 남은 앙상한 몸인 수영은 멀리서도 한눈
에 띄는 외모였다. 남자 농구선수의 실루엣에 피부가 짙고 거친 데다
팔다리가 무척 길고 손가락이 이상하리만치 길어 사람들은 그녀가
지나갈 때면 수군거리곤 했다.

　"저 사람 좀 봐, 키가 엄청 크네. 이상하게 생겼어."
　"방금 그 사람 봤어? 여자 맞아?"
　보통 사람과 다른 외모 때문에 어린 시절부터 편견과 차별 속에
서 자라온 그녀는 '거미손가락증'으로 불리는 마르판증후군(Marfan
syndrome)을 앓고 있었다. 마르판증후군은 유전자 이상이 원인인 병

으로, 평범한 사람들과는 확연하게 외모가 다를 뿐만 아니라 신체 일부의 기형이나 안과 질환, 혈관 문제 등을 일으킬 수 있다.

수영은 어린 시절부터 '괴물'이나 '거인'이라고 손가락질하는 또래들의 놀림 속에서 외로움과 함께 커왔다.

"나도 평범한 외모를 타고났으면 얼마나 좋았을까…."

남들보다 아름답기를 원한 적은 한 번도 없었다. 다만 눈에 띄지만 않았으면 하는 바람뿐이었다. 아담한 키에 작은 체구를 가진 귀여운 여성들을 보면 누구보다도 부러웠다. 독실한 종교인인 그녀는 기도에 매달렸다. 하지만 아무런 변화가 없자 신을 원망하기도 했다. 자신을 평범하게 낳아주지 못한 부모가 밉다며 울며불며 소리치기도 했다. 하지만 마음에 들지 않는 외모는 여전히 그대로였다.

학창시절에는 다른 여학생들처럼 사춘기를 보냈다. 같은 반에 좋아하는 남학생이 생기기도 했다. 자신을 받아주지 않을 것이라고 생각해서 직접 고백은 못했지만, 일기장에 짝사랑하는 아픈 마음을 차곡차곡 기록하기도 했다. 하지만 일기장을 빼앗아 훔쳐본 남학생들은 수영의 마음을 알고 지독히도 놀려댔다. 남자 거인이 남자를 좋아한다면서. 수영이 마음에 품고 있던 남학생은 경멸하는 표정을 지으며 그녀의 짝사랑을 일격에 끝냈다.

"쟤들이 네가 나 좋아한다고 자꾸 놀려대잖아! 네 얼굴도 보기 싫으니까, 꺼져줄래?"

수영은 수치심에 죽고 싶을 정도로 괴로웠다. 이 일을 겪은 후로는 누군가를 사랑하게 되어도 속마음을 털어놓거나 어딘가에 기록한 적이 없었다. 상대방에게 받을 경멸이 두려웠기 때문이다. 모진 거절은 더이상 필요 없었다.

상처투성이었던 학창시절, 그리고 공부

수영은 그 누구에게도 마음을 털어놓지 못한 채 상처투성이었던 학창시절을 보냈다. 하지만 수영은 어려서부터 늘 성적이 상위권이었다. 공부에 매진하면 외모 때문에 받는 고통스러운 심정을 잠시나마 잊을 수 있었기 때문이다. 또한 공부를 잘하면 외모를 무시하던 사람들의 손가락질도 한풀 꺾인다는 것을 깨달았다. 믿을 것은 공부뿐이었다.

그녀는 이름난 대학에 입학해서도 공부에만 몰두했다. 친구들이 모두 애인을 사귀면서 하나씩 멀어져가자 수영은 누군가를 사랑하지도, 누군가로부터 사랑받지도 못하는 현실이 사무치게 외로웠다. 하지만 쓸쓸함이 밀려올 때면 독하게 마음을 다잡았다.

'너희들이 남자를 사귈 때 나는 공부를 하겠어. 두고 보라고.'

그녀는 대학 졸업을 목전에 두고 고시에 보란 듯이 합격했다. 명예와 권력이 따르는 전문직 여성의 길을 걷게 된 것이다. 20대 중반부터 현재 30대 후반이 될 때까지 수영은 일에만 매진하며 명성을 쌓아갔다. 능력 있고 힘 있는 전문직 여성에게 거인이나 괴물이라고 놀려댈 수 있는 사람은 없었다. 성장과정의 상처도 점점 잊혀가는 것 같았다.

하지만 그녀의 마음 깊은 곳에서는 여전히 공허함이 깊게 자리 잡고 있었다.

'이런 나를 사랑해줄 사람이 어딘가 있을까?'

'나도 언젠가는 결혼할 수 있을까?'

사랑하지도, 사랑받지도 못했던 세월은 그녀의 결핍된 마음을 채워주지 못했던 것이다. 남자보다 더 남자 같은 모습으로 일중독자가 되어 살고 있었지만, 수영의 마음속에는 여성성에 대한 강한 소망이 자리 잡고 있었다.

'언젠가는 누군가의 아내가 되어 행복한 가정을 꾸리고 싶다.'

그녀의 소원은 여성의 평범한 삶이었다. 수영은 일로 점철된 자신의 삶이 버거워질 때면 공상에 빠지곤 했다. 남편과 따스하게 팔짱을 끼고 산책을 하는 장면, 함께 노래를 부르는 장면, 같이 장을 보고 저녁을 해먹는 장면… 상상 속 행복한 커플의 모습은 외로운 현실의 도피처였다.

하지만 환상은 환상일 뿐, 차가운 현실이 눈앞에 기다리고 있을 땐 좌절스러웠다. 성공한 커리어우먼의 삶이 공허함까지 채워주지는 않았기 때문이다. 부모에게서 독립해서 직장 부근의 오피스텔로 이사한 후에는 외로움이 더 커져만 갔다. 늦은 밤 퇴근 후에 아무도 기다리지 않는 쓸쓸한 오피스텔로 들어갈 때는 공허감에서 벗어날 길도 없었다. 밤새 혼자라는 사실만 확인하며 영원히 혼자가 되지는 않을까 하는 불안이 가슴을 파고들 뿐이었다.

"저는 김수현과 결혼하게 될 거에요."

그러던 중 그녀는 심혈관질환으로 인해 쓰러져 수술을 받았고 생사의 갈림길에서 겨우 살아났다. 죽음의 문턱까지 갔던 그녀는 오히려 기쁨과 즐거움이 넘치고 온몸에 에너지가 가득 차는 경험을 하게 되었다. 잠을 자지 않아도 피곤하지 않고, 무엇이든 할 수 있다는 확신과 자신감이 넘쳐흘렀다. 그러면서 유명 탤런트를 남편으로 맞이하게 될 것이라는 신의 음성을 듣기 시작했다.

"너에게 배우자를 주겠다. 이제까지의 외로움을 잊게 될 것이니라."

"신이시여… 드디어 내 소원이…."

그녀는 기쁨에 가득 차 감동의 눈물을 흘렸다. 배우자감이 누구냐는 질문에 신은 유명 탤런트의 이름을 또박또박 발음했다고 한다. 그녀는 자신이 좋아하는 연예인과 결혼하게 된다는 신의 목소리를 듣고 3일 밤낮에 걸쳐 한숨도 자지 않고 기도를 했다. 또한 식구들을 붙잡고는 유명 연예인과의 결혼 계획에 대해 끊임없이 떠들었다. 그녀의 가족은 서둘러 결혼 준비를 해야 한다며 수술 후 성치도 않은 몸을 이끌고 나가려는 수영을 병원에 데리고 왔다. 망상수준에 이른 믿음과 이상행동을 도저히 그냥 두고 볼 수 없었기 때문이다.

보호병동에 입원하고 며칠이 지났지만, 에너지 넘치고 확신에 찬 모습은 그대로였다.

"저는 김수현과 결혼하게 될 거예요."

"탤런트 김수현 씨요?"

"네, 우린 서로 사랑하는 사이거든요."

"어떻게 만나게 되신 거죠?"

"신이 우리를 이어주셨어요. 어느날 음성이 들렸어요. '너는 김수현과 결혼하게 될 거다.'라고요. '김수현을 너에게 주겠다, 그는 너를 사랑할 거다.' 그렇게 말씀하셨어요. 물론 저도 처음엔 의아했어요. 그게 가능한 일이냐고 되물었지만, 역시 확신을 주셨어요."

그녀는 여전히 환상 속에 살며 기쁨에 들떠 있었다. 팽창된 자아와 과도한 자신감을 보이면서 현실을 객관적으로 인식하지 못하고 있었다.

조증, 고통스러운 현실을 부인하다

수영을 심리평가한 결과 조증 환자들에게서 자주 나타나는 증상을 보이고 있었다. 자기보고식 검사상 모든 심리적 고통을 부인하고 있었고 전반적인 에너지 수준이 항진되어 있었으며, 투사 검사에서는 부인(denial)의 방어기제가 강하게 시사되었다. 수영은 망상이나 환청과 같은 정신증적 증상이 동반되는 조증을 경험하는 상태로 손상된 현실 검증력 또한 나타나고 있었다. 그녀가 현재 경험하는 기쁨과 즐거움은 진정한 웰빙(well-being)이나 행복이 아닌, 고통스러운 현실을 부인하고 왜곡하는 데서 오는 가짜 쾌락이었다.

'눈을 질끈 감은 채 고통을 피하고 눈앞의 현실 대신 머릿속에만 존재하던 환상과 마주한다. 환상과 현실의 경계는 모호해지고, 나와 내가 아닌 것을 구분하기 어려워진다. 내게 들리는 이 목소리가 애정을 갈구하던 내 내면의 목소리인지 신의 계시인지 헷갈리며 소망과 현실이 뒤섞이기 시작한다.' 이렇듯 정신증적인 자아붕괴란 나와 환경 간의 경계가 허물어지는 과정을 겪으며 시작된다.

수영은 심혈관질환 치료도 받고 있었기에, 의학적 문제 때문에 조증이 유발되었을 가능성을 배제할 수 없었다. 그래서 '달리 분류되지 않는 양극성 장애(Bipolar Disorder NOS)'로 분류해 치료했다. 다행히도 수영은 가족들의 재빠른 대처 덕분에 증상 초기에 병원에 올 수 있었고, 한 달 가량 주증상을 치료한 후 어느 정도의 현실 인식을 되찾고 퇴원할 수 있었다. 퇴원하던 날 마지막 면담에서 수영은 살짝 얼굴을 붉히며 말했다.

"선생님, 지금 생각해보면 좀 부끄럽네요. 그땐 김수현 씨랑 결혼한다는 확신이 들었거든요. 그런데 근거도 없고, 우리 둘이 아는 사이도 아닌데 제가 왜 그랬을까요."

자신의 증상에 대한 통찰을 가지게 된 그녀는, 조증 상태를 벗어나서 한결 차분하고 안정된 모습을 되찾았다. 수영은 퇴원 후 쌓아둔 일 생각에 걱정이라며 큰 한숨을 내쉬고는 작은 목소리로 들릴 듯 말듯 이렇게 말했다.

"김수현은 아니래도, 그냥 따뜻하고 착한 남자친구 하나 있으면 좋겠어요."

'그녀가 진정한 미소를 짓게 되려면, 정말 그녀를 사랑해주는 사람을 만나야 될 텐데. 언젠가는 본인이 원하는 행복한 가정을 꾸리기를…'

나 역시 그녀가 믿는 신에게 작은 목소리로 기도해보았다.

망상에 빠지게 되는 이유

'망상'은 다양한 정신장애에서 나타난다. 흔히 알려진 정신분열증이나 망상장애 외에도 우울증이 심해지거나 조울증일 때도 망상이 나타난다. 망상은 그 내용에 따라 다양하게 구분되는데, 조울증이나 우울증 상태에서는 흔히 기분 상태와 일치하는 내용의 망상이 나타난다. 예를 들어 우울증일 때는 자신이 심각한 죄를 저질렀다거나 가난하다는 망상이 생겨나곤 한다. 반대로 조증일 때는 기분이 좋고 자신감이 넘치는 내용의 망상이 생겨날 가능성이 높다. 자신이 세상을 구원하러 온 신이라고 주장하거나, 혹은 자신이 유명인물이라고 주장하는 등 과대망상이 조증일 때 흔하게 나타난다. 위 사례는 조증인 환자가 색정망상(erotomanic delusion)을 경험한 경우로, 흔히 유명인물과 사랑에 빠졌다는 내용으로 나타난다.

망상은 무엇이며 왜 생겨나는 것일까? 우리는 누구나 자신만의 생각을 가지고 살아간다. 남들은 아니라고 하는데도 자기만은 꽤 그럴듯한 생각이라고 믿는 경우가 있지 않은가. 예를 들어 예민한 사람은 누가 자신을 미워한다든가 자신을 괴롭히는 것 같다고 느끼고 주변 사람들에게 불만을 털어놓기도 한다. 남들이 볼 땐 아닌데도 말이다. 혹은 누가 자신에게 관심이 있는 것 같다거나, 자신이 다른 사람과는 좀더 특별한 사람인 것 같다는 등 자기만의 착각에 빠지기도 한다.

이렇듯 누구나 주관적인 생각을 갖고 있다지만, 그 생각이 '망상' 수준에 이르게 되면 그 심각성이 달라진다. 누구나 객관성을 잃고 근거 없는 자기만의 생각에 몰두할 수는 있다. 하지만 건강한 사람은 자신의 생각에 다수가 동의하지 않거나 반증하는 증거가 있으면 자기 생각이 틀렸다는 것을 인정하고 수정하거나 다른 생각을 받아들인다. 또한 자기만의 공상세계가 있다 하더라도 환상과 현실을 혼동하지는 않는다. 하지만 '망상'에 이르면 현실과는 동떨어진 근거 없는 자기만의 생각에 파묻히게 된다. 잘못된 자기 생각을 바꾸지 않고 집착하는 것이다.

망상은 대개 마음 속 깊이 감추어진 콤플렉스와 관련해서 나타난다. 누군가와 사랑에 빠졌다는 망상 환자들을 만나 보면, 애정욕구가 오랫동안 결핍된 사례가 많다. 사랑받고 싶은 당연한 욕구가 채워지지 않았기 때문에 심리적으로 보상하고자 공상 세계를 형성하게 되고, 현실과 환상을 혼동하며 망상에 빠지는 것이다. 사랑받고 싶은 욕구가 좌절되면서 누군가로부터 열렬히 사랑받는다는 망상이 생겨난다. 망상이 만든 세계는 달콤하다. 때문에 이 세계를 포기하기란 쉽지 않다.

망상, 어떻게 치료할까?

망상이 생겼을 경우 본인은 망상에 대한 통찰을 가지기가 쉽지 않다. 그 생각이 망상이라는 것을 본인이 깨닫게 되면 더이상 망상이 아니기 때문이다. 또한 주변 사람들이 논리적으로 설득하거나 반박해도 망상은 쉽게 사라지지 않는다. 망상이 지속되면 그에 따른 이상 행동을 보여 일상생활에 적응하는 데 심각한 어려움을 겪을 가능성도 높다. 따라서 주변 사람이 망상을 갖고 있다면, 민감하게 알아차리고 치료기관에 데려가야 한다.

우선 망상의 원인이 되는 마음의 병이 무엇인지 정확한 진단을 받아야 한다. 우울증이나 조울증 혹은 정신증적 장애의 계열인지 전문가를 만나 확인하고 그에 대한 치료를 해야 한다. 망상은 정신증적인 증상에 속하기 때문에 약물치료를 통한 개입이 필요하다. 또한 마음 깊은 곳의 열등감과 상처가 그와 관련된 망상을 만들어냈을 가능성이 높기 때문에 지속적인 심리치료를 받을 필요가 있다.

술과 텔레비전, 쇼핑, 인터넷게임, 스마트폰 등 우리들이 빠져들어
시간을 보낼 수 있는 재미있는 것들이 넘쳐나는 세상이지요. 고달픈
세상에서 벗어나 위안을 얻고 재미도 느낄 수 있다지만 때론
무언가에 무섭도록 빠져든다는 것은 눈앞의 현실을 외면한 채 눈을
질끈 감아버리는 것과 같습니다. 일시적으로 충족되는 것 같지만
결국 마음속에 자리한 결핍감은 사라지지 않는 중독의 굴레. 어떻게
벗어나야 할까요? 나를 현혹시키는 것들에 이용당하지 않으면서
현명하게 살아가는 방법은 무엇일까요?

PART 2

빠져들어도
왜 나는
늘 허전한 걸까?

집착과 중독에 대해

8
명품에 집착하는 여자,
소비에 몰두하는 남자

물질에 대한 집착의 심리

"사람들은 가난해 보이는 나를 무시할 것이다."

달걀형 얼굴에 커다랗고 둥근 눈, 부드러운 곡선의 버선 코, 새하얀 피부와 도톰한 빨간 입술, 윤기 나는 갈색 머리를 무심코 어깨 뒤로 넘기는 여성스러운 손짓. 가녀린 체구의 그녀는 전형적인 미인이었다. 정갈하게 차려입은 고급스러운 정장은 구김 하나 없이 윤기가 흘렀고, 핸드백엔 고급 명품브랜드의 로고가 선명하게 새겨져 있었다. 눈이 부시는 외모에 머리끝부터 발끝까지 모두 값비싼 명품으로 치장해 고급스러워 보였지만 그녀의 표정은 좋지 않았다.

　"저에게 뭔가 문제가 있는 것 같아요."

　"어떤 문제일까요?"

"끊임없이 외롭고 우울해요. 저 자신이 너무 못난 것 같아요. 나이가 드는 것도 너무 무서워요."

30대 중반인 그녀는 20대 중반으로 보일 정도로 곱고 젊었지만, 거울만 보면 못난 자기 모습이 비추어져 두렵다고 했다.

"지금 보이는 모습은 너무나 아름다우신데 어떤 모습이 못났을까요?"

그녀는 잠시 머뭇거리다가 핸드백에서 낡은 사진 한 장을 꺼냈다. 구긴 흔적이 있는 사진에는 무표정한 여자의 모습이 담겨져 있었다. 허름한 티셔츠를 걸친 사진 속의 여자는 건조한 표정으로 카메라를 응시하고 있었다.

"이게 제 옛날 모습이에요. 성형수술 하기 전이죠."

사진 속의 여자는 내 눈앞에 앉아 있는 아름다운 사람과 동일인이라고 보기가 어려울 정도로 다른 얼굴이었다. 각진 얼굴에 툭 튀어나온 광대, 평평한 이마, 눈이 작고 콧대가 낮은 평범한 여자. 그녀임을 알 수 있는 단서는 오직 공허한 표정과 무미건조하게 응시하는 눈빛뿐이었다.

"이제 저를 알아보는 사람은 없어요. 과거의 못난 저를 알던 사람들과는 연락을 다 끊었죠. 전 새로운 사람으로 다시 태어났지만 그래도 공허한 마음은 채워지지가 않아요. 뭔가 문제가 있는 것 같아요."

"어린 시절엔 왜 나만 이렇게 살아야 하나 싶었어요. 지긋지긋한 가난, 아빠의 술… 다 벗어나고 싶었어요."

누구에게도 털어놓지 못한 과거

그녀는 상담시간에 지금까지 누구에게도 털어놓지 못했던 아픈 과거를 회상하며 눈물을 흘렸다. 묻어왔던 과거의 상처는 해결되지 않은 채 채워지지 않는 결핍으로 남아 현재까지도 그녀의 삶을 지배하고 있었다.

"우리 아빠는 왜 다른 아빠들과 다를까… 집에서 술만 마시고 엄마랑 나를 때리는 아빠가 너무 싫었어요."

그녀의 아버지는 알코올중독자였다. 사업을 한다고 직장을 그만두고는 빚을 내 몇 번 가게를 차렸지만 모두 실패했다. 아버지는 가게 문을 닫은 이후로는 일정한 직업도 없이 술만 마시면서 시간을 보냈다. 어머니는 빚을 갚고 생계를 해결하기 위해 식당일과 파출부일을 전전했지만, 늘 술에 절어 있던 아버지는 아무런 잘못도 없는 어머니가 바람을 피운다며 의심하고 폭력을 썼다. 어머니는 아버지가 술에 취한 채 발길질을 하면 며칠씩 집을 비웠다. 그런 어머니의 빈자리는 하나밖에 없는 딸이었던 그녀가 채워야 했다. 또래 친구들이 부모에게 보살핌을 받을 시기에도 그녀는 아버지를 위해 밥을 짓고 빨래를 했다. 술과 담배 심부름을 하며 외로움과 두려움에 떨었고 혼자 눈물을 흘렸다. 가출한 어머니가 돌아오기를 기다려도 아버지의 학대를 견디지 못하는 어머니는 또다시 집을 나가버리곤 했다.

그날도 어머니가 아버지를 피해 도망간 날이었다.

"너 때문에 네 엄마가 집을 나갔잖아! 쓸모도 없는 년이 밥만 축내고 있어!"

그녀는 아버지에게 발길질을 당하던 그날 밤을 똑똑히 기억하고 있다. 아버지가 마치 악마처럼 보였다. 분노한 얼굴로 자신을 내려 보던 아버지의 술냄새가 아직도 잊혀지지 않는다는 그녀의 얼굴은 고통으로 일그러졌다. 수십 년이 지났지만 아버지는 여전히 꿈에 나타나 생생한 감각을 되살렸다. 어린 시절의 기억은 그녀에게 도망치고 싶은 악몽 그 자체였다.

그녀는 고등학교 1학년 때 가출했지만 미성년자가 제대로 일할 수 있는 곳은 없었다. 결국 혼자 힘으로 살아가기 위해 숙식을 제공해준다는 술집에서 일하게 되었다. 누구도 믿을 수 없는 각박한 세상에서 돈밖에는 기댈 데가 없었기에 그녀는 싸구려 술집에서 몸을 팔고 웃음을 팔며 악착같이 돈을 모았다.

결핍을 채우기 위한 명품중독, 성형중독

그녀는 과거에서 완전히 벗어나려면 다른 사람이 되어야 한다고 생각했다. 가장 빠른 방법은 얼굴을 바꾸는 것이었다. 그녀는 돈이 모일 때마다 얼굴을 고치기 시작했다. 광대와 턱을 깎고 이마를 볼록하게 만들고, 눈을 크게 하고 코를 세웠다. 피부과 시술도 받았다. 그녀는 수십 차례의 성형수술을 통해 다른 사람으로 거듭나 눈이 부시게 아름다워졌고, 20대 중반에는 강남에서 제법 잘 나간다는 고급 룸살롱에서 일하게 되었다. 그녀는 한 달에 많게는 2천만 원까지 현금을 손에 쥘 수 있었고 그 돈으로 명품을 모으기 시작했다. 명품 수집가처럼 온몸을 모두 명품으로 치장했고 집 안을 명품으로 가득 채웠다. 또한 고급 오피스텔로 이사를 가서 집을 꾸몄다. 비싼 실크 벽지를 두르고 이태리 산 수입가구들로 집안을 가득 채워 마치 상류층이 된 것처럼 살았다.

"저는 다른 사람이 저를 무시하는 걸 못 참아요. 이렇게 못난 저를 누가 알아차릴까 봐 겁이 나요. 무시당하는 건 싫으니까요."

그녀는 자신의 불행한 가정환경, 알코올중독인 아버지, 가출을 일삼던 어머니가 부끄럽다고 했다. 고등학교도 졸업하지 못한 자신의 학력과 못난이였던 과거의 외모가 부끄럽다고 했다. 술집에서 일하더라도 명품으로 치장하고 화려하게 살면 다른 사람들이 무시하지 않으니 그걸로 좋다고 했다. 명품관 직원들이 자신에게 고개를 숙이며 떠받들어줄 때면, 마치 불행했던 과거도 사라지고 온 세상을 다 얻은 것 같다고 했다. 다른 사람들에게 잔뜩 가진 사람처럼 보이면, 자신의 결점이 사라지는 것 같다고 했다.

20대 후반에는 스폰서를 만났다. 규모 있는 사업체를 꾸리고 있는 남자는 듬직한 체격에 아버지뻘 되는 사람으로 무척 자상했다. 가정이 있는 사람이었지만 그녀를 애인으로 두고 계속 보고 싶어했다. 술

집은 그만두고 본인 여자가 되라며, 아파트를 사주고 일체의 생활비를 지원해주었다. 그녀는 넉넉하게 생활비를 받아 쓰며 해외여행을 다녔고, 외제차를 몰고 계속해서 명품을 수집하는 등 호화스러운 생활을 유지했다.

남자는 그녀에게 돈을 주는 대가로 일주일에 한 번 정도 여자를 찾아왔다. 하지만 별다른 대화도 없이 격렬하게 섹스를 나누고 나면 그뿐, 생활비를 던져 주고 서둘러 옷을 입고 가버리곤 했다. 그녀는 그럴 때마다 혼자 남겨지는 느낌이 싫었다.

"매주 버림받는 느낌이에요. 언젠가는 정말로 버림받겠죠. 그 남자의 가족사진을 봤어요. 행복해 보이더라고요. 저는 안 되겠죠, 제게 그런 가족은…."

그녀는 가정이 있는 남자의 정부로 살고 있지만, 제대로 된 가정을 꾸리고 싶었다.

"저도 사랑받으면서 살고 싶어요. 그냥 평범하게 결혼해서 아이도 낳고 싶고요. 하지만 이런 저를 사랑해줄 사람은 없겠죠."

그녀는 남들과 같은 소박한 가정을 꾸림으로써 불행한 어린 시절의 그림자에서 벗어나고 싶었다. 하지만 그녀에게 이 세상 남자는 두 부류뿐이었다. 폭력을 휘두르는 남자와 욕구충족을 위해 성적으로 이용하는 남자. 그런 남자에게 깊이 정을 준다는 것은 어려웠고, 남자에게 두려움을 느끼기 때문에 사랑을 진실되게 하기도 힘들었다. 그녀는 결핍감과 좌절된 애정욕구로 인해 끊임없는 허기를 느꼈다.

목이 마르고 배가 고프다는 영혼의 호소에 명품을 사고 성형을 했지만 애정에 대한 갈망은 채워질 리 없었다.

그녀는 내게 자신의 과거사를 털어놓으며 여러 차례 눈물을 흘렸다. 과거의 기억에 슬퍼하고 아파하고 분노했으며 후회도 했다. 그녀는 한참 속내를 털어놓고 상담실을 나서면서, 누군가에게 이런 이야기를 해본 경험은 처음이라며 눈물을 닦고 수줍게 웃었다.

"누군가한테 이해받는다는 건 정말 따뜻한 경험이네요, 선생님."

그렇다. 그녀는 명품이 필요한 게 아니라 사랑이 필요했던 것이다. 그녀에게는 성형외과 의사의 손길이 아니라 어머니의 손길이, 성형이 아니라 그저 그녀 자체만으로도 아름답다며 사랑해주는 무조건적인 수용이 필요했다.

남들과 비교하는 심리가 문제다

우리나라의 명품 열풍은 거세다. 콧대 높은 명품 브랜드에서 세일이라도 하는 날이면 경제불황이 무색해질 정도로 많은 사람들이 줄을 선다고 한다. 거리를 걷다 보면 모두들 똑같은 로고가 새겨진 값비싼 가방을 들고 다녀, 어떤 브랜드의 핸드백은 '국민백'이라고도 불린다고 한다. 혹은 길거리에서 그 핸드백을 맨 여자를 3초만에 한 번씩 볼 수 있다고 해서 '3초백'이라고도 불린다니, 저 국민백 하나쯤은 가지고 있어야 무시당하지 않을 거라는 심리가 있다.

사실 상류층인 사람이 수백만 원을 호가하는 가방을 구입하는 것은 일반 사람이 중저가 가방을 사는 것과 비슷하다. 높은 경제력을 갖춘 사람에게는 입이 떡 벌어질 정도로 비싼 가방을 사는 일이 일상적일 수 있지만, 평범한 사람이 지나치게 비싼 가방을 사는 일은 선뜻 이해가 되지 않는다. 한 달치 월급 혹은 몇 달치 월급을 빠듯하게 아끼며 모아서 단지 가죽을 재단해놓았을 뿐인 핸드백에 투자하는 이유는 무엇일까? 무엇 때문에 비쌀수록 열광하고, 쉽게 살 수 없기에 더 갖고 싶어하는 걸까?

현실적인 상황이나 경제력과는 상관없이 명품에 유난히 집착하는 심리는 낮은 자존감과 연관된다. 자신에게 만족하지 못하거나 결함을 느끼는 사람일수록 타인의 시선과 평가에 예민하다. 자기가 자신을 인정하지 못하기 때문에 다른 사람의 인정에 목마르다. 자격지심 때문에 타인의 사소한 말에도 상처를 받고 복잡하게 생각한다.

"혹시 나를 무시해서 저런 말을 하는 건가?"

"내가 가난해 보여서 나를 무시하는 건가?"

다른 사람들이 자신을 어떻게 평가하느냐에 따라 자존감이 오르락내리락하기 때문에, 타인의 시선에 비치는 자신을 중시한다. 타인이 나를 판단할 수 있는 가장 손쉬운 방법은 바로 겉모습이기에 자신을 그럴듯하게 내보일 수 있는 수단이 명품인 것이다. 따라서 명품에 집착하는 심리는 물질과는 분리되지 않는 빈약한 정체성과 관련된다. 즉 명품은 부족한 자존감을 보상하는 수단이자 타인에게 보여주고 싶은 자기 모습을 상징한다.

상담실을 찾는 많은 사람들이 과거의 고통스러운 기억을 회상한다. 부모가 가하는 폭력 때문에 하루하루가 힘겨웠던 시간, 지긋지긋한 가난에 시달렸던 시절, 가난 때문에 사회적 약자가 되어 쉽게 무시당했던 기억들. 지금은 어두운 터널 같던 과거에서 벗어났다고 해도 과거의 트라우마는 현재까지도 영향을 미친다. 열등감이 클수록 그것을 보상하고자 하는 심리도 강하다. 과거에 대한 상처가 깊을수록 끔찍한 기억에서 벗어나고자 발버둥친다. 하지만 뿌리 깊은 열등감은 잘 사라지지 않는다. 자신부터가 스스로를 사랑하지 못하기 때문에 남들에게 잘난 사람으로 비치는 게 중요하다. 그럴듯한 사람으로 보이려면 무엇으로든 무장해야 한다고 생각한다. 자존감이 낮을수록 남들은 쉽게 가질 수 없는 비싼 물건을 소유하는 자신의 이미지를 구입하고 싶어한다. 하지만 물질적 소유에 집착한다고 해도 자신을 사랑하지 않은 채 남들과 비교하다 보면 갈증은 끝이 없다. 끝없이 물건을 구입하지만 결국 내적인 충만감은 채워지지 않는 것이다.

남들과 비교하는 심리, 그 미묘한 경쟁에서 만족감을 느끼기 위해 명품을 소유하는 것이 뭐가 그리 나쁘겠느냐마는, 내 스스로 명품이 없다고 해서 혹은 누군가가 명품 하나 없느냐며 핀잔을 준다고 해서 주눅들 필요는 없다. 당신의 진정한 가치는 물건에서 오는 것이 아니라 당신이다. 당신 자체가 명품이기 때문에!

9
나를 위로해주는
유일한 친구는 술이다

알코올중독

"술은 지친 내 마음을 위로하는 유일한 친구다."

"누군가에게 이런 이야기를 해보는 건 처음이네요, 태어나서 처음으로 이렇게 말해본 것 같아요."

거친 피부에 깊은 주름, 듬성한 머리 숱 때문에 실제보다 훨씬 나이 들어 보이는 40대 중반인 이 남성은 생전 처음 방문한 상담실이 편하다고 했다. 알코올 중독 치료를 받지 않으면 이혼하겠다는 아내의 으름장에 끌려오듯 억지로 상담실을 찾았지만, 처음 만난 사람 앞에서 마음을 무장해제하면서도 왠지 모르게 마음이 편안하다고 했다.

"저는 속마음을 털어놓는 성격이 아니에요. 그냥 쌓아만 두죠."

"지금까지 스트레스를 받을 땐 어떻게 하셨나요?"

"딱히 방법이 없었어요. 술이 유일한 해결책이었죠."

"술을 드시면 어떤가요?"

"기분이 좋죠. 평소의 나와는 달라지는 것 같고 자신감도 생기고 못하던 말도 할 수 있게 되고 사람들 앞에서 떵떵거리죠."

고달픈 부부싸움 속에 위태로운 결혼생활을 하고 있는 그는, 술 없이는 하루도 못 사는 사람이었다. 20년 이상 지속해온 술에 대한 의존은 점차 심해지고 있었고, 최근에 술을 마시지 않으면 금단증상을 경험하기도 했다. 그는 술에 중독된 상태로, 세간에는 알코올 중독으로 알려진 '알코올 의존'마저 진단할 수 있는 수준이었다. 술 때문에 직장생활과 가정생활은 엉망이 되었고 건강마저 잃었다. 후회하면서도 자신의 의지로 술을 끊지 못하는 알코올의 노예가 된 그는 전문가의 도움이 절실한 상태였다.

그는 어째서 술의 노예가 되어버린 걸까?

형의 죽음, 삶으로부터의 도피

5남매 중 내성적인 막내아들이었다는 그는 장남인 큰형을 무척 따랐다. 열다섯 살도 넘게 차이 나는 큰형은 어린 시절의 그가 보기에는 슈퍼맨처럼 무엇이든 할 수 있는 사람이었다. 큰 체구와 듬직한 어깨, 온화한 미소와 따뜻한 품. 큰형을 떠올리면 아버지의 이미지가 떠올랐다. 비록 홀어머니 밑에서 자랐지만 큰형 덕분에 아버지의 빈자리를 느낀 적은 없었다.

큰형은 공부를 잘했지만 동생들의 학비를 마련하기 위해 대학에 진학하지 않고 곧바로 일자리를 구했다. 일찍이 가장 역할을 맡은 큰형은 막내 동생을 유독 예뻐했다. 큰형에게 의지하며 살아가던 삶이 무너진 것은 그가 스무살이 되어서였다. 큰형은 그해 봄 막내 동생까지 대학에 입학시켰다며 기뻐했지만, 사업체를 운영하다 큰 빚을 지게 되었고 아내에게 이혼마저 당하게 되었다. 딸들의 양육권까지 빼앗긴 큰형은 미안하다는 말이 담긴 유서 한 장을 남기고 스스로 목숨을 끊었다.

큰형의 자살 소식은 그가 겪었던 어떤 충격적인 소식보다 더 큰 비극이었다. 무엇이든 할 수 있는 사람, 슈퍼맨처럼 강한 남자였던 큰형의 죽음에 그는 심리적인 외상을 입었다. 고통 속에서도 큰형과의 추억이 떠올랐고, 도무지 현실이라고 믿기지 않는 삶을 지속해야 하는 상황도 바뀌지 않았다. 우울감 때문에 학교 성적은 엉망이 되었고, 친구 관계도 소원해졌다. 아무것도 제대로 할 수 없었다. 우울증이라는 깊은 늪에 빠진 것이다.

삶이 이토록 고통스러운 것이라면 차라리 죽고 싶었다. 그는 심각하게 자살을 고민했다. '어떻게 하면 세상을 떠날 수 있을까.' 형을 따라가야겠다는 생각만 머릿속에 가득했다. 그는 친구들이 힘내라며 따라주는 한두 잔의 술을 접하게 되고, 고통을 잊는 법을 발견한 것 같은 착각에 빠졌다. 바로 삶의 고통으로부터 도피해 술에 취하는 것이었다.

"하루하루 숨을 쉬는 게 고통이었죠. 살아 있다는 게 힘들었으니까…. 하지만 술을 마시면 모든 걸 잊을 수 있었어요. 큰형이 죽었다는 사실마저 사라지는 것 같았죠."

그는 삶에 직면하는 아픔을 견디지 못해 술에 취하는 방법을 택했다. 술은 쓰라린 고통을 잊게 해주는 마법 같은 진정제였다. 하지만 일주일에 한 번 마시던 술은 두세 번으로 늘었고 소주 반병이던 주량은 두세 병으로 늘었다. 술을 마실 친구가 없을 때면 소주를 사와 집에서 혼자 마셨다. 잠자리에 들기 전에 술을 마셔 마음을 달래야 했기 때문이다.

고통의 연속인 삶 속에서

술에 의존하던 습관은 군대를 다녀오면서 잠깐 멈추었다. 대학에 복학한 후로는 정신을 차리고 살아야겠다고 마음먹었다. 회사에 취직해 열심히 일했고, 지인의 소개로 지금의 아내를 만나 연애도 하고 결혼도 했다. 토끼 같은 두 아이도 낳았다. 제법 괜찮은 중산층의 생활을 누리면서 아내와 아이들과 함께 살던 시절이 그의 삶에 가장 행복한 기억이었다고 한다. 내성적인 성격 탓에 회사에선 늘 사람들의 눈치만 보며 할 말도 제대로 못했지만, 의지할 수 있는 가정이 있었기 때문에 고난한 회사생활도 거뜬히 견뎠다.

그의 소소한 행복이 깨진 것은 큰아들이 유치원에 다니면서부터였다. 버스 운전기사의 실수로 아들이 유치원 버스에 치어 숨진 것이다. 그의 삶에 다시 그림자가 드리우는 순간이었다.

"믿을 수가 없었어요. 큰형의 죽음을 이겨내려고 그토록 노력했는데… 왜 내게 이런 일들이 닥치는지….”

가정은 풍비박산났고 우울증은 다시 그의 삶을 덮쳤다. 그는 고통으로부터 도피하기 위해 다시 술을 마시기 시작했다. 잠이 오지 않아 잠자리에 들기 전 한두 잔 마시던 주량은 조금씩 늘어갔다. 술을 마시지 않으면 아들이 곁에 없다는 사실을 직면했기에 술을 접하는 날은 늘었다. 아내는 늘 술에 취한 채 가정을 돌보지 않는 남자에게 실망감을 표현했다. 아내 또한 아들을 잃은 슬픔을 극복하는 중이었기에 남편의 방황은 그녀에게 더 큰 고통을 안겨주었기 때문이다. 남자의 가정은 위태로운 벼랑 끝에서 무너지기 일보 직전이었다.

남자는 알코올 중독에 이르러 직장생활도 제대로 하지 못하는 지경에 이르렀다. 술기운에 업무를 하며 중요한 서류상의 실수를 반복했고, 숙취 때문에 무단결근하는 날도 반복되었다. 동료들 사이의 평판도 걷잡을 수 없이 나빠졌다. 그의 불성실한 태도는 인사고과에 반영되었다.

"그때는 자포자기하는 심정이었어요. 될 대로 되어라…. 삶을 포기한 듯 살았죠. 술을 먹다가 어느 날 갑자기 죽어도 어쩔 수 없다는 심정이었어요. 사는 게 힘들었으니까."

죽음에 직면하기, 삶이 필연적으로 동반하는 고통

살면서 소중한 사람을 잃는 경험은 우리에게 채울 수 없는 상실감을 남긴다. 때로 소중한 이의 죽음은 준비되지 않은 상황에서 갑작스럽게 다가오며, 그때는 후회해도 시간을 돌이키지 못한다. 준비되지 않은 이별에 대처하는 방법은 사람마다 다르다. 추억을 회상하는 방법도, 하염없이 눈물을 흘리는 방법도, 고통이 떠오를 새 없이 인터넷이나 술, 게임, 운동 등에 중독되는 방법도 있다. 무언가에 중독되면 중독 물질을 탐하는 그 순간에는 결핍을 잊을 수 있지만, 결국은 삶을 망가뜨리면서 더 큰 결핍을 불러온다. 중독의 악순환 속에서 더욱 현실을 직면하기 어려워지는 것이다.

그는 상처받은 자신을 위로하기 위해 술에 중독되는 방법을 택했지만, 삶에서 더 소중한 것을 잃었다. 현재를 충실히 살아가면서 고통이 살아 숨 쉬는 현실에 직면하기를 포기한 것이다. 죽음이 주는 고통은 삶이 우리에게 선사하는 선물과 더불어 필연적으로 따라오는 불안인 것을.

"내가 우울하다는 것도 몰랐어요. 가슴이 턱 막히는데 뭔가 답답하다는 생각뿐이었죠. 지금 느끼는 감정은 힘들고 우울해요."

"지금 느끼는 감정을 색깔로 표현해본다면, 무슨 색일까요?"

"어둡고 침침한 회색이요…. 어둡고 탁하네요."

그는 오랜 시간 치료자와 상담하며 차츰 마음의 문을 열었고, 자신의 감정을 알아가기 시작했다. 묻어두고 직면하기를 회피했던 감정들이 의식 위로 올라왔다. 감정을 말로 표현하며 상처를 치유했다. 큰형의 죽음과 아들의 죽음이 고통이었음을 인정하며, 자신의 아픔을 타인과 공유할 수 있게 된 것이다. 자신을 온전히 만나면서 타인과 교감하기 위해선 우선 내 감정을 알고 표현하는 것이 필요하다. 인간은 자신의 감정을 알아차림으로써 타인과 공감하기 위한 기초를 쌓기 시작한다. 그는 자신을 위해 방어하지 않고 눈물을 흘림으로써 아내의 고통에도 공감하기 시작했다.

"아내를 너무 오랫동안 내버려둔 것 같아요. 나보다 더 힘들었을 텐데 알아주지도 못하고 내가 너무 자기중심적으로 살았네요."

그는 아내와 하루에 한 시간씩 대화를 나누기 시작했다. 술에 의존하는 대신 사랑하는 이에게 의존하기 시작한 것이다. 감정을 표현하지 않던 예전과는 달리, 자신의 고통을 솔직하게 터놓으며 상대의 감정을 세심하게 묻는 남편의 모습을 보며 아내는 결혼생활의 희망을 발견했다. 상실과 죽음에 직면해야 하는 불안한 삶 속에서도 따스한 가정이 그대로 있다는 것을 깨닫게 된 것이다. 남자는 이제 술 대신 가정에 의지하기로 했다며 상담실 문을 나섰다. 오랜 세월 참았던 눈물을 모두 쏟아내고 홀가분해진 듯 발걸음은 한결 가벼워 보였다.

"선생님, 말씀하신 대로 앞으로 눈물이 나오면 그냥 울겠습니다, 억지로 참으려고 하지 않고…."

알코올 중독, 회복에 이르는 길은 분명 있다

상담실을 찾는 많은 이들이 술에 의존하며 살아가고 있다. 알코올에 중독되어 있는 상태의 사람들을 보면 우울증뿐만 아니라 조울증, 불안장애 등 다른 마음의 병을 함께 가지고 있는 경우가 많다. 우울하거나 불안한 마음을 회피하기 위해 손쉽게 택하는 방법이 술에 의존하는 것이기 때문이다. 술은 일시적으로 불안한 상태를 잠재우는 효과가 있어, 장기간 악영향을 끼침에도 불구하고 많은 이들이 술을 일종의 도피처로 택하고 있다.

우리나라는 특히 음주에 관대한 문화라서 술을 잘 마시는 것을 자랑스럽게 여기기도 하고 사회에선 오히려 술을 많이 마시도록 권하기도 한다. 다양한 여가 문화가 발달되어 있지 않고, 암묵적인 태도로 늦은 시간까지 야근과 회식 참여를 강요하는 직장문화는 흥청망청 술에 빠지는 생활을 유도하기도 한다. 특히 스트레스가 많은 직장생활 속에서 감정을 표현하고 공유하는 데 익숙하지 않은 남성들은 술에 취함으로써 스트레스에서 벗어난 듯한 착각에 빠지기도 한다. 감정을 자연스럽게 나누며 친밀해지는 데 익숙하지 않기 때문에 일종의 진정제인 술을 함께 마시면서 유대감이 강해진다고 생각하는 것이다.

실제로 술을 마시면 판단력과 통제력이 약화되어 평소에 억제해두 었던 생각을 표현하기가 쉬워진다. 따라서 소극적인 성격이거나 눈치 를 보느라 평소에 진솔하게 자기 생각을 잘 표현하지 못하는 사람들 은 술이 일시적으로 주는 마법 같은 효과에 신세계를 발견한 듯한 기 쁨을 느끼기도 한다. 이렇듯 술은 삶이 주는 스트레스로부터 도피하 는 방법이자 사람들과 친밀해지기 위한 도구로서 소심한 성격을 극복 하기 위한 진정제로 많은 이들에게 인기를 얻고 있다. 사람들은 술의 효능을 믿고 긍정적인 효과를 기대하며 오늘도 술 약속을 잡는다.

하지만 술은 우리 삶에 부정적인 영향을 많이 끼치므로 주의해야 하는 약물로 분류된다. 처음에는 한두 잔으로 시작하지만, 점차 주 량이 늘고 술에 대한 의존도가 커지면 삶이 걷잡을 수 없이 파괴될 수 있기 때문이다. 특히 직장생활과 가정이 엉망이 되고 건강을 망치면 서도 술을 끊지 못하는 상태에 이르면, 병적으로 중독되어 스스로 삶 을 통제할 수 없게 된다. 술의 노예가 되어버리는 것이다.

현재 정신의학 체계상에서 '알코올 중독'의 정식 진단명은 '알코올 의존(alcohol dependence)'이다. 알코올 의존 상태에 이르면 술에 대한 내성이 생겨 술을 마시는 양이 늘고, 술을 마시지 않으면 금단현상이 생기기도 한다. 괴로운 금단현상을 피하기 위해 술을 끊을 수 없는 상태가 지속되며, 술을 끊으려고 시도하지만 그 노력은 계속 실패하고 만다.

이렇듯 가족이나 지인이 알코올 의존이 심각할 경우 어떻게 해야 할까? 주변에서 만류하고 술을 끊으라고 설득해보아도, 이미 의존 상태에 들어섰다면 스스로 통제할 수 없다. 의지의 영역에서 벗어난 것이다. 이미 환자의 신체는 알코올에 중독된 상태로, 술을 끊으면 고통스러운 증상을 경험할 수 있다. 따라서 정신건강전문가의 도움을 받아 전문적인 중독치료를 해야 한다.

알코올 의존의 경우 입원치료가 요구되는 편이다. 술을 쉽게 접할 수 있는 환경에서 유혹을 뿌리치기란 무엇보다 힘들기 때문이다. 또한 장기간 마시던 술을 중단함으로써 생기는 고통스러운 생리적 증상을 완화하기 위해 약물치료가 필요하다. 약물치료 못지않게 중요한 것이 바로 심리치료다. 알코올에 중독될 수밖에 없는 심리적인 취약성이 지속된다면, 또다시 술을 찾게 될 가능성이 높기 때문이다. 알코올 의존 상태에 빠지는 사람들은 스트레스를 대처하는 수단이 빈약한 경우가 많다. 술을 마시는 것 외에는 스트레스를 어떻게 해소하는지 모른다는 말이다. 또한 부정적인 감정을 적절히 해소하지 못하고 쌓아두는 경우가 많으며, 타인의 눈치를 많이 보고 건전한 자기주장도 못하는 경우가 잦다. 따라서 스트레스 상황에 처했을 때 어떻게 대처할지 방안을 마련해보고 부정적인 감정을 건강하게 발산하는 방법을 배울 필요가 있다. 또한 자기주장 훈련이나 감정표현 연습도 도움이 된다. 아울러 긍정적인 대처자원을 마련할 수 있도록 부부상담을 통해 부부관계를 돈독히 하거나, 몰입할 수 있는 취미생활을 찾는 것도 도움이 되며, 알코올 중독을 극복한 이들의 모임에 참여하며 꾸준히 의지를 다잡는 것도 도움이 된다.

10

현실도피, 그리고
게임이라는 판타지의 세계

게임중독

"나는 게임의 세계에서 인정받을 수 있다."

은정은 고등학교에 진학한 이후 우울감이 더 깊어졌다. 공부에 더 열
중해야 하는 시기이지만 마음은 싱숭생숭했다. 어릴 때부터 싸움을
반복하던 부모님의 불화는 더 심해져서 가족 간의 골은 메워질 기미
가 보이지 않았다. 서로를 힐난하며 언성을 높이는 부모님의 목소리
는 줄어들지 않았다.

"이 지겨운 집구석, 우리 부모님은 왜 저러는 거야."

딸 둘, 아들 하나인 집안에서 은정은 막내였다. 은정의 오빠와 언
니는 어려서부터 서로 경쟁하듯 전교 1~2등을 다투었고 결국 최고 명
문대에 진학했다. 오빠는 사법고시에 합격해 사법연수원에서 법조인

으로서 실력을 기르고 있었고, 대학 졸업반인 언니는 이름난 미국 대학원에 합격해 유학을 앞두고 있었다.

"왜 나만 이렇게 미운 오리 새끼일까?"

자신과 달리 공부도 잘하고 외모도 훤칠한 언니와 오빠를 보면 은정은 더욱 위축되었다. 전형적인 모범생 같지 않게 훤칠한 키와 날씬한 몸매에 예쁘장한 얼굴의 언니를 보면 같은 여자로서 시기심이 일어 속이 타들어가는 것 같았다. 남자들이 언니의 마음을 얻기 위해 보내오는 꽃바구니와 케이크, 인형, 향수 등 언니의 방을 가득 채우고 있는 선물을 보면 시기심은 더욱 강해지곤 했다.

"부럽다. 나도 얼른 대학생이 되고 싶다…."

대학 동기들과 엠티를 가고 친한 친구와 훌쩍 여행을 떠나기도 하며, 남자친구도 마음껏 만나고 용돈을 스스로 벌어 사고 싶은 것을 마음껏 사서 쓰는 언니와 자신을 비교하며 은정은 갑갑한 현실이 싫기만 했다. 책상 가득 꽂혀 있는 참고서를 볼 때면 마음이 무거웠다.

은정은 나이 차이가 많이 나는 언니와 오빠 밑에서 막내로서 비교적 사랑을 듬뿍 받으며 자랐다. 하지만 어렸을 때부터 늘 하위권을 맴도는 성적 때문에 자기도 모르게 위축되곤 했다. 고소득 전문직에서 일하며 승승장구하던 부모님은 유난히 공부를 못하는 막내딸에게 실망하곤 했다. 공부하라는 잔소리가 계속되었지만 은정은 한 귀로 듣고 한 귀로 흘리기 일쑤였다. 책상 앞에 앉아 있는 게 익숙하지 않아서다.

어린 시절부터 지속되었던 과체중도 해결될 기미가 보이지 않았다. 은정은 항상 반에서 제일 뚱뚱한 애, 제일 덩치 큰 애로 꼽히며 초등학교 때부터 남자아이들의 짓궂은 놀림거리가 되었다.

"야! 너 그렇게 뚱뚱해서 어떻게 하냐!"

"못생긴 게 뚱뚱하기까지 해서 쓰나!"

남학생들의 끊임없는 놀림 때문에 은정의 마음에 깊은 열등감이 생겼다. 자신감이 없어 어깨를 굽힌 채 목은 축 늘어뜨리고 다녔다. 열등감 때문에 마음이 무거워질 때면 자신의 외모를 확인받기 위해 옆에 있는 여자아이들에게 끊임없이 질문했다.

"나 많이 뚱뚱해?"

"나 못생겼어?"

"내 여드름, 많이 티나?"

자신감 없고 음침한 모습으로 외모에 대한 자기중심적인 질문을 하는 은정에게 친하게 지내던 여학생들도 하나둘 질리기 시작했다.

"이제 그만 좀 물어봐!"

은정은 또래들에게 소외되기 시작했고 그럴수록 더 예민해졌다. 자신을 바라보는 시선에 더욱 움츠러들며 내 못생긴 외모 때문에 쳐다보는 것이라고 생각하기 시작했다. 은정은 그렇게 초등학교 시절부터 친구를 잃었고 중학교 시절에는 전교에서 왕따를 당하기도 했다. 중학교를 그만두겠다고 등교를 거부해서 부모님 속을 썩이기도 했다. 겨우 중학교를 졸업한 후 고등학교에 입학했지만, 친구 하나 없이 외로운 생활은 계속되었다.

하지만 은정에게는 초등학교 때부터 자신을 지탱해주는 것이 있었다. 그것은 바로 온라인게임이었다.

게임이라는 판타지의 세계에서

처음에는 온라인채팅으로 시작했다. 못생기고 뚱뚱하고 공부도 못하는 자신이 혐오스러웠지만 온라인상에서 은정은 완전히 다른 사람으로 탈바꿈했다. 언니의 정체성을 자신에게 덧씌운 것이다. 언니의 주민등록번호로 인터넷 사이트에 가입한 후 언니의 이름으로 대학생 행세를 했다. 많은 남자들이 20대 초중반의 여대생이라고 주장하는 은정에게 구애했고, 한 번만 만나자고 조르기도 했다. 은정은 마음에 드는 남학생과는 계속 연락을 주고받으며 언니의 사진을 보내주기도 했다.

은정은 온라인채팅에 이어 온라인게임에도 빠졌다. 아름다운 캐릭터를 골라 가상의 세계에서 활약하며 현실과 판타지가 뒤바뀐 생활을 했다. 게임의 세계 속에서 은정은 누구보다도 아름다운 여인이었고 수많은 추종자들을 거느리는 여신이 될 수 있었다. 악마를 무찔러 정의를 실현하며 자신의 능력을 향상시키는 멋진 여인이었던 것이다. 게임의 세계 속에서는 현실에서 갖지 못한 많은 것들을 가질 수 있었다. 인형 같은 외모와 게임 속 동료와 친구들에게 얻는 인기를 누리며 게임 속에선 더이상 위축되지도 않았고 외롭지도 않았다.

은정은 하루에 10시간 이상 게임을 했다. 학교에서는 게임하느라 부족한 잠을 채우기 위해 쥐죽은 듯 잠만 잤다. 당연히 학교생활이 제대로 될 리 만무했다. 현실에서는 친구도 없었다. 학교성적은 더이상 내려갈 데도 없이 바닥이었고 가족들은 게임에 빠져 아무것도 하지 않는 은정을 냉대했다. 공부하라는 잔소리, 입시에 대한 부담, 외모에 대한 불만, 친구들 사이에서 받는 소외, 가족 간의 불화 등 지긋지긋한 고민거리에서 벗어날 수 있는 방법은 오직 게임의 세계로 빠져드는 것뿐이었다.

게임에 빠지면 주변의 소리가 들리지 않을 정도로 몰두했다. 현실에서 자신을 압박하는 것들을 모두 잊을 수 있었기 때문이다. 게임 단계가 올라가고 희귀한 아이템을 획득해서 가상세계에서 더 강하고 인기 있는 사람이 되면 자신이 충만해지는 느낌이 들었다. 때로 누가 진짜 나이고 가상의 나인지 혼란스럽기도 했다. 비록 현실의 자기는 보잘것없지만 가상의 자기는 모든 것을 갖고 있었다.

은정은 게임을 통해 남자친구를 만들었고, 중학교 때부터 장기간 온라인상으로 관계를 지속했다. 남자친구는 은정을 은정의 언니로 알고 있었기 때문에 자신의 정체를 밝힐 자신은 없었다. 직접 만나지는 않았지만 통화를 지속하고 문자를 주고받으며 연애하는 즐거움을 느꼈다.

"은정아, 나 이제 정말 너를 만나야겠다. 이제는 만날 때도 됐잖아.

내가 너희 학교로 찾아갈게."

남자친구는 만나달라고 했다. 은정은 머리가 부서질 듯 아팠다.

'어떻게 하면 좋지? 내 본모습을 알면…'

은정은 자신의 본모습을 밝히지 못하고 그 무엇도 진실하지 못한 채 마치 게임하듯 가상의 연애를 경험하고 있었던 것이다. 은정은 결국 남자친구에게 진실을 알리지 못한 채 관계를 끝내버렸다. 수년간의 연애가 그렇게 허무하게 끝났다.

현실의 자기를 발견하다

게임에 빠져 폐인이나 다름없던 은정은 부모님과의 관계가 걷잡을 수 없이 악화되었다. 은정이 고등학교에 입학하자 아버지는 컴퓨터를 부수어버렸다. PC방에 가는 것을 막기 위해 용돈도 주지 않고 등하교를 감시했다. 더이상 게임 속으로 도피할 수 없자 아무것도 제대로 하고 있지 않은 자신의 모습을 발견할 수밖에 없었다. 불규칙한 생활 때문에 체중은 불었고 피부는 더 나빠졌으며 현실에서의 무력감은 더했다.

"이제 내가 뭘 할 수 있을까…"

"아빠, 제발 게임을 할 수 있게 해줘요. 죽을 것 같이 괴로워요."

게임중독에 가려져 있던 우울증이 모습을 드러냈고, 은정의 부모는 그런 막내딸을 데리고 상담실을 찾았다. 은정은 게임 속의 자아를 포기하기가 어렵다고 했다.

"선생님… 게임캐릭터가 없으면 내가 없는 것 같아요…. 자꾸만 게임이 생각나요."

수년간 지속된 게임중독 때문에 이성적이고 합리적인 판단을 하는 능력과 충동을 통제하는 능력이 매우 약화된 상태였다. 이제는 게임이 의지의 문제를 벗어나 습관처럼 생활의 일부가 된 상태였다. 게임중독과 관련된 행동치료를 하는 동시에 중독에 빠지게 된 근본적인 원인을 해결하기 위한 심리치료를 진행했다. 은정은 상담 내내 눈물을 흘렸다.

"이런 나를 누가 사랑해줄까요? 게임에서 만난 남자친구와도 얼마 전에 헤어졌어요. 내가 누구인지도 못 밝혔어요. 전 노예 같아요. 게임의 노예…. 이렇게 살아선 안 된다는 걸 알면서도 마음대로 잘 안돼요. 제가 잘하는 게 있을까요?"

은정은 게임에 중독된 자신을 통제할 수 없다는 것을 알고 있었다. 하지만 게임중독에서 벗어나고 싶은 의지가 있다는 것도 발견했다. 현실에서 충족되지 않는 결핍감 때문에 게임에 빠진 그녀에게 필요한 것은 게임 외의 다른 무언가를 할 수 있다는 자신감과 관심을 기울여 줄 현실 세계 속의 타인이었다.

왜 중독에 빠지는가, 중독의 심리!

　요즘에는 온라인게임중독에 빠져 현실에 적응하지 못해 상담실을 찾는 사람들이 늘고 있다. 본인이 문제를 느껴 직접 찾아오기보다는 대개는 중독에 빠져 폐인이 된 모습을 보다 못한 가족들의 손에 이끌려 상담실에 찾아온다. 게임중독에 빠지는 사람들의 연령층은 다양하나, 주로 청소년과 청년층에서 많이 발견된다.

　사람들은 왜 온라인게임에 빠지는 것일까? 온라인게임은 심리학적으로 볼 때 그 자체로 중독이 될 수 있는 요소를 많이 내포하고 있다. 시간과 돈을 들이면 쉽게 재미를 느낄 수 있도록 고안되어 있으며, 식상해지지 않도록 새롭고 낯선 자극들이 끊임없이 등장한다. 또한 레벨이 높아지거나 아이템을 획득하는 등 게임을 지속할 수 있는 유인책이 존재한다. 게임으로 사람들을 만날 수도 있으니 관계를 형성하고 싶은 욕구도 충족된다. 이렇듯 사람들은 게임을 하면서 보상을 얻게 되고, 이 과정을 통해 뇌는 차츰 중독이 된다.

　온라인게임 자체가 가진 중독성도 중요한 요인이지만, 게임중독에 빠지는 이들에게는 공통점이 있다. 현실에서 좌절을 경험했다는 점이다. 가족 간의 불화, 학업 성적, 사업 실패, 학교에서 따돌림을 당하거나, 계속 연애에 실패한 경험도 이유가 된다.

　현실에서 자신감을 잃고 무력감이 강해진 상황에서 온라인게임을 접하면 이제껏 경험해보지 못한 신세계를 발견하게 된다. 시간을 투자한 만큼 레벨이 올라가면서 뭔가 성공한다는 느낌을 받는 것이다. 즉 현실 세계에서 하지 못한 성취경험을 게임을 통해 경험하게 되고, 비록 현실적인 접촉은 아니지만 사람들을 사귀고 인기를 얻게 되면서 만족감을 느끼게 되는 것이다. 온라인게임을 통해 만난 사람들과 연락을 주고받으며, 현실에서 소외되었던 경험을 보상한다.

게임에 중독될수록 실생활은 엉망이 된다. 학업성적은 점점 떨어지고 회사생활은 엉망이 되며, 주변 사람들과의 관계가 더욱 소원해진다. 밤낮이 뒤바뀌고 불규칙적인 생활을 하고 식사를 거르거나 폭식을 하게 되면서 건강을 망치기도 한다. 점점 현실 속의 자아는 불만족스러운 모습들로 채워지는 것이다. 이렇듯 게임에 몰두하면서 현실의 자기가 망가질수록 온라인게임 속의 캐릭터는 더 멋진 모습을 갖춰나간다. 더 단계가 올라가고 힘이 세지고 인기가 많아지며 더 멋진 아이템으로 무장한다. 이런 과정에서 온라인게임중독자는 점차 현실로 돌아오기가 힘들어진다. 현실로 돌아오면 더이상 게임 속의 캐릭터처럼 완벽하지 않은 비참한 자신의 모습을 확인해야 되기 때문이다.

게임중독의 문제는 이렇듯 현실 속의 자기를 망가뜨리는 것에 국한되지 않는다. 게임에 중독될수록 인간의 뇌는 변한다. 이성적인 판단을 하고 충동을 통제하며 목표지향적인 행동을 하게끔 하는 전두엽의 기능이 약화되는 것이다. 즉 자신의 합리적인 판단하에 생산적인 목표를 세우고 무언가를 하도록 계획을 세워 추진하도록 하는 뇌의 기능은 온라인게임에 의해 잠식당한다. 오직 게임에만 몰두하고 점차 산만해지며 다른 것에 집중하기도 어려워진다. 점차 스스로의 의지가 아닌, 게임에 의해 통제되는 노예 같은 삶을 살게 되는 것이다. 온라인게임중독은 전두엽 기능이 약한 어린이와 청소년들에게 더욱 취약하므로 주의해야 한다. 중독적인 요소가 강한 물질이나 행동은 처음부터 시작하지 않는 것만이 최선이겠지만, 일단 중독되었다면 시급히 치료를 받아야 한다.

그렇다면 게임중독은 어떻게 치료해야 할까? 게임중독자는 자신의 통제를 벗어난 수준으로 게임에 대한 갈망을 경험하게 된다. 따라서 스스로 게임을 중단하도록 다그치기보다는 게임을 끊을 수 있도록 주변에서 도와줘야 한다. 우선 게임에 쉽게 접속할 수 없는 환경을 만드는 것이 필요하다. 아동이나 청소년의 경우 부모가 집에서 컴퓨터 사용 시간에 제한을 두거나 PC방에 가지 않도록 한다. 또한 애지중지하는 게임캐릭터라 하더라도 삭제해버리는 것이 좋다. 아울러 게임중독뿐 아니라 다른 정신장애가 있는지 혹은 심리적인 상처 때문에 게임중독에 빠진 건 아닌지 신중하게 파악할 필요가 있다. 마음의 병 때문에 현실로부터 도피하기 위한 수단으로 게임중독에 빠지는 사례가 많기 때문이다. 이때 전문가의 도움을 받는 것이 좋고, 꾸준한 심리상담을 통해 중독에서 벗어날 수 있도록 건강한 마음을 되찾는 과정이 필요하다. 궁극적으로는 게임 외의 다른 활동을 통해 성취감을 느껴야 한다. 그러므로 대안적인 취미활동을 찾아보도록 적극적으로 도와줄 필요가 있다.

거울 속에 보이는 당신의 모습이 만족스럽지 않은가요? 두툼한

볼살과 작은 눈, 토실한 허벅지가 당신의 삶을 망가트리고 있다고요?

혹은 내성적이고 수줍음을 타는 자신의 성격이 마음에 들지 않나요?

외롭고 쓸쓸하지만 사랑받지 못할까봐 누군가에게 다가가지

못하나요? 가난했던 내 부모와 과거에 대해 떳떳하지 못한가요?

남들보다 한참 부족해 보이는 내 모습에 어깨가 움츠려지나요?

지금보다 더 나아져야 한다며 자신을 질책하는 내면의 목소리에

당신의 마음이 지쳐가고 있지는 않나요?

PART 3

노력해도 왜 나는
늘 만족스럽지
못한 걸까?

불만족과 완벽함에 대해

11
나는 아직도
날씬하지 않다

거식증의 굴레

"나는 지금보다 더 날씬해야 한다."

165cm에 40kg의 앙상한 몸. 그녀의 몸은 살짝만 건드려도 톡 부러질 것 같았다. 스물한 살 꽃다운 나이였지만 그녀는 젊음도, 건강도, 그토록 원하던 아름다움도 없었다. 거칠고 마른 피부에 윤기 없이 푸석한 머리카락이 듬성듬성 빠져 건강이 위태로웠다. 생명력이 꺼져가고 있다는 경고는 비단 그뿐이 아니었다. 혀가 갈라지고 입 주변이 영양 실조로 헐었으며, 면역력이 약해진 피부는 여기저기 긁힌 상처가 낫지 않은 채 곪고 있었다. 살날이 얼마 남지 않은 듯한 노년의 외모를 가진 희윤은 월경이 끊긴 지 벌써 1년째라고 했다.

"통통하다고 놀림받은 적이 있었나요?"

"아니요, 놀림까지는 없었어요."

"어떤 계기로 다이어트를 하게 되었나요?"

"제가 좀 통통하기는 했죠. 65kg이었으니까요. 고등학교 때 학교 선생님이 저를 보더니 한마디 했어요. 너 살 좀 빼야겠다고. 그때부터 다이어트해서 6개월 만에 지금 체중을 만들었어요."

"저런, 하지만 제가 볼 땐 지금 너무 마르신 것 같아요."

"마르긴요. 지금도 살찔까 봐 너무 걱정돼요."

부모님 손에 끌려 상담실에 온 희원은 자신이 아직도 통통하다고 했다. 성인 여성이 40kg이라고 하면 마른 체중이지만, 객관적인 수치는 그녀의 머릿속에서 사라진 지 오래였다. 희윤이 거울에 마주한 자신의 모습은 여느 사람들이 보는 현실과는 달랐다. 팔뚝살이 양옆으로 툭 튀어나고, 뱃살이 늘어지고 허벅지의 셀룰라이트가 울퉁불퉁한 굴곡을 그리는 볼품없는 자신이 거울에 비치고 있었기 때문이다.

'나는 아직도 뚱뚱해.'

'이대로는 부족해.'

'더 날씬해져야만 해.'

자기상에 대한 왜곡은 심리적인 부분을 넘어서 거울에 비친 현실 속의 자신까지 확장되어 있었다. 생명의 불씨가 꺼져가고 있다고 몸이 보내는 신호에는 무심했지만, '지금 이대로는 부족하다.'는 내면의 질책에는 누구보다 예민했다. 살이 찌는 데 대한 공포가 압도적이었고, 날씬해지기 위한 필사적인 노력은 광적인 수준이었다.

완벽한 소녀, 모범생의 삶

　명문대 법대생인 희윤의 삶은 '완벽을 향한 고군분투'로 점철되어 있었다. 어릴 때부터 똑똑하고 예쁘다는 소리를 자주 들어왔던 희윤은 모범생이자 우등생이었기에 학급반장을 도맡아 하며 선생님들에게 늘 사랑받아왔다. 무엇이든 못하는 것이 없어 주변의 시샘도 많이 받았지만, 그만큼 남들보다 더 노력한 결과였다. 판사가 되고 싶다는 꿈을 이루기 위해 원하던 대학의 법대에 진학했지만, 지금도 여전히 숨 쉴 틈 없이 바쁘게 살아간다고 했다. 새벽에 두어 시간 운동을 한 후 학교에 가서 수업을 듣고 공강일 때는 도서관에서 과제를 하거나 공부를 했다. 저녁에도 학원에 가서 공부를 했고 밤늦게 집에 돌아오면 운동을 하고 잠자리에 드는 생활을 반복했다.

　'너는 더 열심히 살아야 해.'

　이상적인 원칙을 제시하고 행동을 검열하며 죄책감을 유발하는 정신세계의 심판관, 그녀의 비대해진 초자아(super-ego)는 '멈춤'을 시도하려는 움직임에 죄책감을 유발하곤 했다. 희윤은 자연스러운 본능을 억누르며 자기 행동을 엄밀히 심판하면서 스스로 세운 원칙대로 자신의 모든 행동을 통제하고 있었다. 희윤이 가진 극한의 인내력과 자기통제는 보통 사람 이상이었다. 이렇듯 가혹한 내면의 목소리에 따라 자신을 몰아붙이며 살아가고 있었지만, 몸과 마음은 지쳐갔다. 무엇이 문제였을까?

자율성을 향한 소리없는 외침

  그녀가 앓고 있는 병은 '신경성 식욕부진증'이었다. 하지만 이 병의 이름이 주는 인상과는 달리 그녀가 가진 문제의 핵심은 단순한 '식욕 상실'이 아니었다. 세간에 거식증으로도 알려진 이 마음의 병은 알고 보면 자기개념의 장애가 근본 원인이다.

  어린 시절 희윤의 내면을 들여다보자. 완벽주의자인 모범생 소녀 희윤은 무언가 자기 마음대로 되지 않는다는 것을 어렴풋이 느낀다. 타인의 시선에 예민하고 타인의 인정이 중요한 희윤은 다른 사람과 구별되는 독특하고 뛰어난 사람이 되기를 소망한다. 하지만 가족들에게서 독립하지 못한 소녀는 자신에게 자율성이 주어지지 않는다고 느끼고 깊은 무가치감을 경험한다. 자기 신체를 비롯해 아무것도 스스로 통제할 수 없다는 느낌, 무력감을 방어하고자 하는 시도가 음식을 거부하는 행동으로 나타난다. 이는 자신을 학대함으로써 내재화된 부모를 거부하는 동시에, 음식을 받아들이지 않음으로써 부모로부터의 분리를 시도하려는 미숙한 몸짓이다. 희윤에게 음식거부는 사회에서 인정받는 사람이 되기 위한 자기통제력과 독특성을 증명하는 도구이자, 부모와 분리된 자율성을 생생하게 경험하도록 하는 도구였다.

  "저는 부모님 사랑이 지긋지긋해요. 더이상 간섭받고 싶지 않아요."

  면담을 통해 과도하게 밀착된 희윤의 가족관계를 살펴보았다. 그녀는 어려서부터 부모의 그림자였을 뿐, 본인이 독립된 존재라는 경험을 해본 적이 없었다. 부모를 기쁘게 하려고 노력하던 착한 소녀는 어느 날부터 문득 자신이 누구인지 의문이 들어 불안해졌고, 고집스럽고 부정적으로 되었다. 착하고 모범적이던 소녀는 어느덧 부모의 사랑과 양육으로 상징되는 음식을 거부하게 된 것이다. 음식에 대한 그녀의 심적 투쟁은 부모에게 자신의 고통을 간접적으로 알리며 도와달라고 외치는 마음의 호소였던 셈이다.

다이어트 강박증의 사회

신경성 식욕부진증의 원인을 지나치게 간섭하는 가족관계와 비대해진 초자아, 완벽주의, 자기개념의 장애와 같은 개인적인 문제만으로 볼 수는 없다. 더 중요한 원인은 마른 몸에 대한 광적인 강박증, 즉 '사회병리'에 있다. 대중매체에서 아름답다고 말하는 여성은 거식증 수준으로 뼈만 남은 경우가 대부분이며 실제로 그 정도의 몸을 유지하기 위한 연예인들은 기아 상태에 익숙해져야 한다. 자신을 기아 상태로 몰아감으로써 날씬한 여성들은 '더 아름답다.' '더 예뻐졌다.' '날씬해서 보기 좋다.'는 칭찬을 들으며 음식거부에 대한 강화를 받는다. 더욱이 사진보정 기술을 이용해서 마치 개미처럼 가는 허리에 팔다리가 비현실적으로 길고 얇은 여성, 지나치게 브이라인을 뽐내는 얼굴을 현실인 양 만들고 있다. 그런 사회적 압력 속에서 여성들은 비현실적인 이상과 비교해 자기 몸을 검열하며 체중 증가에 대한 극심한 공포를 경험한다. 체중 증가는 낮은 자존감과 직결되며, 다른 사람에게 받는 인정과 애정의 상실과 직결된다는 것을 부지불식간에 배우기 때문이다. 지나치게 마른 상태를 아름답다고 여기며 다이어트를 권하는 사회, 내적인 아름다움보다 외모를 강조하는 사회 속에서 여성들은 오늘도 체중계와 씨름한다. 문제는 자신의 게으름과 탐욕이라며, 자신을 처벌하고 반성한다.

"선생님, 저는 판사가 되고 싶어요. 범죄자를 처벌하는 지혜로운 사람이 되고 싶어요."

희윤은 스스로 확립한 강력한 초자아를 상징하는 미래를 꿈꾸고 있었다. 본인이 그토록 원하는 강력한 통제력과 자율성 또한 희윤이 꿈꾸는 미래에 있었다. 희윤에게 그보다 더 잘 어울리는 직업이 또 있을까. 하지만 안타까움이 몰려왔다. 지나친 다이어트와 가혹한 스케줄로 인해 소진된 희윤의 몸과 마음은 미래를 위한 생명력이 없었기 때문이다. 가을의 마른 나뭇잎 마냥 바싹 마른 몸은 쓰러지기 직전이었고, 도와달라는 소리 없는 외침과 표정 없는 가면 속에 숨겨진 희윤의 눈빛은 흔들렸다.

'도와주세요.'

"체중이 느는 게 싫어요. 입원해서 뚱뚱해진다면 정말 살기 싫을 것 같아요. 누가 시키는 대로 하는 걸 싫어하거든요. 그리고 공부도 해야 되는데… 시험이 얼마 안 남았어요. 할 게 너무 많아요, 쉴 수 없어요."

입원을 권유하자 다이어리를 꺼내고 해야 할 일들을 설명하는 그녀를 보며, 이 사람이 지키고자 하는 '그 무엇'은 불분명한 '자기감'이라는 생각을 했다. 희윤은 삶 속에서 투쟁하며 자기 영역을 지키고자 하지만 결과적으로는 스스로를 위태로운 죽음으로 몰아넣고 있었다. 그녀가 정의를 위해 타인을 심판하는 판사가 되기 위해서는 우선 자신을 심판하는 것부터 멈추어야만 했다. 가장 가혹한 심판을 자신에게 내리며 스스로를 처벌하는 굴레에서 이제는 벗어나야만 했기 때문이다.

거식증의 굴레에서 벗어나기

현대 여성들은 지나치게 깡마른 몸을 마치 아름다움의 전형인 것처럼 제시하는 사회적 분위기에서 살아간다. "마른 것이 아름답다, 당신 몸의 지방을 더 없앤다면 보다 우월해지고 행복해질 것이다."라며 세뇌하는 대중매체의 압력에서 사람들은 자신과 타인을 가혹한 시선으로 바라보게 된다. 즉 텔레비전에 나오는 연예인을 사람이 아닌 상품으로 바라보듯이 자신과 타인에게도 같은 잣대를 들이댄다. 결국 타인이 대상을 평가하듯 자신의 신체를 대상으로 취급하는 것이다. 이렇듯 자신의 신체에 대한 타인의 관점을 내면화하는 것을 '자기대상화(self-objectification)'라고 하며, 이 과정을 통해 여성들은 습관적으로 자신의 신체를 감시하게 된다. 자주 거울을 보며 몸 구석구석을 점검하고 얼마나 살이 붙었는지 감시하며 자신을 질책하는 습관을 들이게 되는 것이다. 결국 자기대상화와 신체점검의 굴레에 빠진 개인은 수치심과 불안을 느끼고, 자신을 수용하지 못함에 이른다. 이것이 사회병리가 마음의 병을 만드는 과정이다.

거식증의 굴레에서 벗어나려면 어떻게 해야 할까? 무엇보다도 거식증이라는 문제의 근원은 당신의 마음에 있다기보다는 사회에 있다는 사실을 깨닫는 것이 중요하다. 상처받은 당신이 수치심까지 느낄 필요는 없다. 다만 이제는 자기를 부끄러워하고 질책하게 만드는 거식증의 굴레에서 빠져나올 필요는 있다. 거식증에서 벗어나는 첫 번째 단계는 당신이 잘못된 사회문화적 압력 속에서 받지 않아도 될 상처를 받고 있는 개인이라는 사실을 깨닫는 것이다. 대중매체가 여성들에게 세뇌하고 있는 신념에 의문을 품어볼 필요가 있다. 정녕 마른 것이 아름다울까? 더 날씬해진다고 행복해질까? 지금보다 더 체중이 늘어나면 쓸모없는 존재일까? 당신이 느끼는 수치심은 정말로 당신이 부족하기 때문일까? 사회가 여성들에게 내면화하고 있는 잘못된 신념들을 반박해보자. 당신은 체중계의 눈금으로 평가되기에는 너무나 소중한 존재다.

두 번째 단계는 섭식장애와 당신을 분리해서 거리를 두는 것이다. 당신이 거식증 그 자체이거나 거식증이 당신의 일부가 아니라는 사실을 확인해야 한다. 섭식장애에 이름을 붙이고 이별선언문을 쓰고 이제부터 분리되었음을 선언하자. 그리고 더이상 당신을 괴롭히던 섭식장애에 휘둘리지 않겠다고 결심하자. 내면에 자리 잡은 채 당신을 고통에 빠트리던 폭군에게 이별을 선언했다면, 한 주 동안 일기장에 다음 질문에 대한 답을 채워보자.

'섭식장애는 내가 어떤 마음일 때 찾아오는가?'

'섭식장애가 나에게 무슨 말을 하는가?'

'섭식장애가 내게 무엇을 시키는가?'

또한 회복하기 위해서는 실천하는 것이 중요하다. 기아 상태에서 벗어나 건강을 되찾으려면 무엇보다도 음식을 먹어야 한다. 하지만 섭식장애는 '이 세상에 좋은 음식은 없다.'라고 당신의 내면에 소리칠 것이다. 음식은 무조건 좋거나 나쁜 것이 아니다. 적당히 조절해서 먹을 수만 있다면 어떤 음식을 먹어도 괜찮다. 음식을 먹되 음식의 맛을 천천히 음미하는 것이 중요하다. 마음의 굶주림에 허겁지겁 음식을 먹기보다는 몸이 보내는 신호에 주의를 기울여야 한다. 당신은 지금 배가 고픈가? 당신의 몸은 음식을 필요로 하는가, 아니면 그저 외롭고 공허할 뿐인가? 당신은 건강을 유지하기 위해 음식이 필요한가, 아니면 그저 지친 마음을 잠시 달래고 싶은가?

당신은 자신의 신체를 감시하는 행동을 멈추어야 한다. 거울 앞에 서서 당신의 신체를 구석구석 들여다보는 습관을 멈추자. 끊임없는 감시는 당신을 더 불행하게 만들 뿐이다. 자신을 수치스럽게 만드는 의식을 이제는 그만두자. 그리고 무엇보다 당신은 얼토당토않은 완벽을 추구하는 내면의 목소리에 이별을 선언해야 한다. 당신은 지금 이대로도 충분히 괜찮다.

12

완벽을 꿈꾸는 남자,
실수를 못 참는 여자

강박적 성격

"나는 절대 실수하면 안 된다."

"나무를 그리라고요? 무슨 나무를 그려요? 나무 종류가 정말 많잖

아요. 잎사귀를 몇 개나 그려요?"

　지훈은 그림검사를 하며 불안한지 계속 질문했다. 그는 붉어진 얼

굴로 연필을 꼭 쥔 채 흘러내리는 땀을 닦았다. 누구도 그림을 잘 그

려야 된다거나 열심히 하라는 압박을 주지 않았지만, 지훈은 가장 힘

든 시험을 보는 것 같았다. 그러고는 계속 투덜거리며 부담감을 표현

했다.

　"아, 시간이 부족해서 제대로 그릴 수가 없잖아요."

　"천천히 해도 괜찮아요."

154

"지우개로 다 지워야겠어요. 너무 못 그렸어요."

지훈은 그림을 지우개로 전부 지웠다가 다시 그리기를 반복했다. 불안한지 연필을 쥔 손은 미세하게 떨렸지만 능숙한 솜씨였다. 나무 몸통을 그릴 때에는 나뭇결까지 세심하게 그렸고, 나뭇잎도 하나하나 상세하게 그렸다. 지금까지 만난 내담자들 중에 그림을 가장 잘 그리는데도, 지훈은 계속 그림이 마음에 들지 않는다며 걱정했다. 지훈은 한숨을 내쉬고, 두 손으로 머리를 붙잡은 채 고통스러운 표정으로 고뇌하기도 했다. 결국 다른 내담자들보다 두세 배 이상 시간이 걸려 한 가지 심리검사를 겨우 마쳤다.

"그림 그리면서 어떤 생각을 하셨어요?"

"'날 평가하겠구나. 그림을 못 그리면 날 바보라고 생각하겠구나.' 하는 생각이요."

"어째서 그런 생각을 하셨나요?"

"그건 모르겠어요. 하지만 왠지 모르게 잘해야 할 것 같았어요. 물론 시간이 부족해서 너무 못했지만…."

"그림검사 때 느꼈던 기분을 평소에도 경험하나요?"

지훈은 항상 마감일에 쫓기는 회사생활의 고충을 털어놓았다. 자신이 맡은 업무를 완벽하게 해내려고 늘 노력하지만 사람들은 그 노력을 몰라준다고 했다. 모두들 잘하려고 애쓰는 자신을 마땅한 이유도 없이 질책하고 소외시킨다고 했다.

"선생님, 저는 완벽하게 잘하려고 얼마나 노력하는지 몰라요. 그런데 회사 사람들은 마감일을 못 지킨다고 구박하고, 그만하면 됐으니까 빨리 끝내라고 욕해요. 내가 얼마나 노력했는데…."

지훈은 결국 울음을 터뜨렸다.

"이렇게 노력하는데도 회사 사람들은 저를 인정하기는커녕 괴롭히기만 해요. 흐흑…."

지훈은 최선을 다했지만 돌아오는 것은 비난뿐이라며 울분을 터뜨렸다. 오랜 시간 자신을 억누르는 비판적인 시선들이 버겁다는 그는 사는 게 이리 힘든 이유를 도무지 모르겠다고 했다.

"선생님, 저는 어떻게 살아야 되는 걸까요? 저는 잘하려고 했을 뿐이에요."

완벽을 향한 추구로 흔들리는 삶

지훈은 그저 잘하고 싶었을 뿐이다. 그런데 과연 무엇이 문제였던 걸까?

임상심리학자가 행하는 심리평가는 내담자와 접촉하며 한 개인의 내적 세계를 알아가는 하나의 수단이다. 심리학자는 심리평가 결과뿐만 아니라 평가에 임하는 내담자의 태도를 통해 성격을 추론한다. 새로운 과제에 직면했을 때 어떻게 반응하는가? 너무 꼼꼼하게 잘하려고 하다 보니까 시간이 지체되지는 않는가? 평가자의 시선을 의식하면서 불안해하는가? 자신을 멍청하다고 생각할까봐 두려운가, 아니면 오히려 대충 해버리고 마는가? 집중하는가, 아니면 산만한가? 평가자에게 우호적이고 협조적인가, 아니면 적대적인가? 양적검사 결과가 제공해주는 정보 이상으로 많은 정보를 알려주는 것이, 내담자가 검사를 할 때 보이는 태도다. 때문에 심리학자는 심리평가를 하면서 아주 민감하게 내담자의 행동을 지켜본다.

심리평가에 임하는 태도로 본 지훈의 모습은 '지나친 완벽주의자'였다. 지훈은 그림검사를 하면서 보였던 태도를 회사에서도 그대로 재연했던 것이다. 쉬운 과제를 받아도 어렵게 생각했고, 누가 부담을 주지 않아도 스스로 과도한 압박을 받았다. 또한 시간이 넉넉한데도 시간이 부족하다고 생각하며 주변 사람들에게 불평했다. 잘하려고 너무 꼼꼼하게 일을 하다 보니 시간이 지체되었고, 결국은 마감일을 자주 지키지 못했다.

상담실에서 만난 심리학자는 내담자에게 "천천히 해도 괜찮다."라고 안심시켜줄 수 있지만, 만약 그곳이 회사였다면 "일을 빨리 끝내라."라며 내담자를 압박했을 것이다. 상사와 동료들의 계속되는 압박과 재촉에 부담을 느낀 지훈은 "잘하려고 노력하는데 왜 그러느냐."라며 방어적으로 임하고 있었다. 이런 태도는 더욱 부정적인 반응을 이끌어냈다.

불가능한 완벽주의

그는 불가능에 가까운 완벽한 이상에 도달하려고 스스로 애쓰고 있었다. 때문에 자신에게 가혹했고, 사소한 결점도 용납하지 않았다. 사소한 실수를 해도 자신이 불완전한 사람이 되는 것 같았다. 지훈이 받아들일 수 있는 '자기'는 '완벽한 자기'뿐이었다. 그래서 모든 일은 철저하게 진행되어야 했다.

실제로도 그의 삶은 완벽을 향한 투쟁으로 점철되어 있었다. 학창 시절부터 지훈은 과도하게 엄격한 자신만의 내적 기준을 갖고 있었고, 늘 자신을 벌하고 질책하는 내면의 목소리는 '너는 항상 부족하다.'라는 메시지를 주었다. 더 나아지려면 보다 높은 기준을 달성해야 했기에 학창시절에는 집과 학교만을 오갔다. 덕분에 우수한 성적으로 명문대에 진학할 수 있었지만 아직 부족하다는 느낌은 그대로였고, 대학을 졸업하고는 이름난 회사에 들어가기 위해 누구도 만나지 않고 공부에만 몰두했다. 함께 입학한 대학 동기들은 동아리 활동을 하거나 자기 나름의 취미생활을 갖고 여가를 즐겼지만, 지훈은 그런 모습이 한심하게 보였을 뿐이었다. 지훈은 늘 목표를 향해 매진하는 공부중독자, 일중독자였지만 여전히 성취했다는 느낌은 들지 않았다.

원하던 회사에 입사해서도 오직 과제지향적으로 살았다. 하지만 지나친 완벽주의는 오히려 역효과를 낳았다. 속도가 중요한 일에 지나치게 시간을 들였고, 사소한 부분에 집착하다가 마감일을 놓치기 일쑤였다. 마감일을 넘겨서 상사와 동료들에게 자주 비난을 듣자 자신의 완벽주의를 이해해주지 않는 사람들에 대한 분노가 쌓여갔다. 하지만 지훈은 사람들 사이를 겉돌면서 그 누구와도 친해지지 못했기에 속내를 털어놓을 안식처도 없었다. 지훈은 주변 사람에게 "냉정하다, 감정이 없어 보인다, 일벌레다."라는 이야기를 자주 들었고, 그럴수록 그는 표정 없는 가면으로 마음속의 고통을 숨겼다. 하지만 내면에 쌓이던 울분은 우울증이 되었고 결국 상담실을 찾게 된 것이다.

강박적 성격, 질 수밖에 없는 게임

지훈은 심리평가와 상담을 통해 스스로를 채찍질하며 숨돌릴 틈 없이 힘겹게 살아왔던 삶을 돌아봤다. 그는 '강박적 성격'을 가진 사람이었다. 강박적 성격을 가진 이는 지나친 완벽주의를 추구하지만 이 완벽함이란 결코 도달할 수 없는 것이기 때문에 언제나 질 수 밖에 없는 게임을 하게 된다. 절대 완결될 수 없는 세부사항에 집착하고, 불완전함이 존재할지 모른다는 의심에 빠져 헤어나지 못한다. 사소한 결점에 집착하기 때문에 전체적인 흐름을 놓쳐버리고 오히려 마감시간을 넘기기 일쑤며, 해야 할 일의 목록을 작성하는 데 너무 많은 에너지를 쓰느라 막상 해야 할 일을 해내지 못한다. 여가 활동과 친구들과의 우정을 희생하고 일에 몰두하지만 막상 생산성은 떨어지는 것이다. 그들은 늘 해야 할 일의 양에 압도되고 불안해하면서도 자유와 충만감을 느끼지 못한다. 그들의 삶은 투쟁이지만 늘 질 수밖에 없는 비참한 전쟁과도 같다.

지훈은 항상 무언가에 쫓기는 듯 불안했던 자신의 삶에서 그 무엇도 만족스러운 것을 찾을 수 없다고 했다. 낮은 자존감을 보상하기 위해 그토록 애쓰며 살았던 것이다. 하지만 지금 지훈에게 필요한 것은 더 많은 일을 성공적으로 해내는 것도, 더 높은 그 무언가를 성취하는 것도 아니었다. 외부에 있는 무언가를 획득해서 부족하지 않은 자기를 확인하기보다는 자신의 내면을 들여다보고 깨달음으로써 늘 질 수밖에 없는 게임을 멈추어야 했다.

"실수는 곧 실패라고 생각했어요. 모든 걸 제대로 해야 된다고 생각했죠. 일이 제대로 되지 않는 건 내 삶이 망가지는 거라고 생각했어요."

지훈은 상담을 통해 가혹한 내면의 목소리에 귀를 기울이기 시작했다. 내면의 목소리는 지훈을 내몰기만 했다. 그의 엄격하고 잔혹한 초자아는 '이 정도면 충분하다.'라며 지친 마음을 쓰다듬어줄 줄 몰랐던 것이다. 지훈의 진심이 담긴 칭찬은 내적인 질책에 가려져 잘 들리지 않는 것 같았다.

"그림을 정말 잘 그리셨네요. 제가 볼 땐 이대로도 충분하신 것 같아요."

지훈에게 인정과 수용이 무엇보다 필요했지만, 타인에게 받는 인정보다는 자기 내면에서 오는 수용이 먼저 필요한 것 같았다. 자신을 받아들이는 것은 변화를 위해 필요한 조건이었으나, 불완전한 인간의 한계를 받아들임으로써 '이룰 수 없는 완벽'을 포기해야 한다는 사실이 불안에 직면하게끔 했다. 완벽해지고 싶은 남자는 아이러니하게도 완벽해지고 싶다는 그 갈망 때문에 절대 완벽해질 수 없었다.

지나친 완벽주의에서 벗어나기

적당한 수준의 강박적 성격은 자신과 타인에게 이로울 수 있다. 근면하고 한결같은 노력을 기울이기 때문이다. 성취에 몰두하며 세부 사항까지 결점 없이 일이 완수되는 것을 좋아하기에, 실제로 사회에 많은 기여를 하기도 한다. 도덕적이고 성실하며 미래를 대비하며 저축하기에 훌륭한 배우자감이기도 하다. 그들이 제 역할을 한다면 조직과 가정의 수호자로 활약할 수 있다.

하지만 강박적 성격이 지나친 수준에 이르러 융통성과 개방성, 효율성을 희생할 정도가 되면 자신과 타인을 위해 '지나친 완벽주의'를 포기하는 편이 더 이로울 수 있다. 띄어쓰기에 지나치게 신경 쓰느라 정작 마감일 안에 원고를 탈고하지 못하는 작가, 너무 완벽하게 하려다가 정작 보고서를 제때 제출하지 못하는 회사원, 휴일에도 일을 하느라 가족들과 시간을 함께 보내지 못하는 남편, 마음을 터놓는 친구 한 명 없이 연구에만 매진하는 연구원, 부하직원의 사소한 실수에도 참지 못하고 화를 내며 사기를 꺾는 상사, 동료가 일을 자기 방식대로 하지 않을까 봐 불안해서 모든 일을 떠안고 일에만 파묻혀 사는 회사원…. 이들은 '완벽한 성취'에 몰두하지만 '완벽'보다는 오히려 더 중요한 것들을 잃어버리는 결과를 초래할 수 있다.

그렇다면 지나친 완벽주의에서 벗어나 삶에서 중요한 것들을 놓치지 않고 살아가는 비결은 무엇일까? 당신의 양심과 성실함이 정말로 빛을 발하려면 먼저 자신의 한계를 수용하는 법을 알아야 한다. 또한 성취와 관련된 자신의 경직된 신념을 점검하고 그에 도전해볼 필요가 있다.

당신은 정말로 완벽해야만 가치 있는 존재인가? 완벽함은 애초에 가능한 것도 아니고 우리가 반드시 추구해야 할 것도 아니다. 당신은 지금 이대로도 충분히 괜찮은 존재다. 자신을 있는 그대로 수용하기 위해 다음 신념에 도전하고 반박해보자.

- 실수는 곧 실패다.
- 작은 실수도 용납할 수 없다.
- 나는 반드시 성취해야만 가치가 있다.
- 옳은 길은 반드시 하나이고 그 외에는 틀린 것이다.

'반드시 … 해야만 한다.'라는 식의 생각을 하루에 몇 번이나 하는

지 점검해보고, 대신 '… 하고 싶다.'라는 생각으로 바꾸어보자. '나는 반드시 이번 프로젝트에서 1등을 해야 해.' 보다는 '나는 이번 프로젝트에서 1등을 하고 싶어.'로 바꾸어보는 것이다. 이어서 '그렇게 되지 않으면 무슨 일이 일어나지?'라고 자문해보자. 이번 프로젝트에서 1등을 하지 않으면 무슨 일이 일어나는가? 당신이 생각하는 것만큼 나쁜 결과가 생기는 것은 아니다. 세상이 뒤집어지거나 당신의 삶이 실패로 끝나는 게 아니란 것이다. '반드시 … 해야 한다.'라는 생각은 삶을 메마르게 한다. 살면서 반드시 그래야만 하는 것은 없기 때문이다. 따라서 '… 하면 좋겠지만, 그렇게 되지 않는다 하더라도 괜찮다.'라는 생각으로 전환해서 유연성을 가지도록 하자.

자신과 타인에게 너그러워지자. 실수를 할 때마다 '나도 인간인데 실수할 수도 있지.'라고 생각하며 스스로 가치를 낮추는 습관에서 벗어나야 한다. 만약 당신의 부하직원이 실수를 한다면 '아, 이 사람도 사람이지.'라고 생각하며 너그럽게 이해해보자. 부하직원을 다그쳐봤자 사기만 떨어뜨릴 뿐이다.

또한 과중한 업무에서 벗어나 주변 사람들을 챙기는 시간을 가져보자. 가족 같은 친밀한 사람들과 여가시간을 보낼 수 있는 방법을 생각해보는 것도 좋다. 주말이나 휴일에 의도적으로 휴식을 취하며 몸과 마음을 이완할 수 있는 활동을 해보는 것이다. 산책을 하거나 소풍을 가는 것, 공연을 보는 것, 요가나 명상, 자전거나 등산 같은 운동도 좋다. 소중한 이 시간에는 휴대전화를 꺼놓고 일은 잊은 채 '온전한 휴식시간'이 되도록 하는 것을 잊지 말자. 이때 가까운 사람들이 당신이 그들을 소중하게 여긴다는 것을 알 수 있도록 감정을 나누는 연습도 해본다. 배우자에게 사랑한다는 표현을 직접 해보거나 자녀에게 짧은 엽서를 써보자. 물론 처음에는 쉽지 않고 쑥스럽겠지만 의도적인 연습을 통해 유대감이 강해질 수 있다.

13

상상과 현실을
분리하지 못하는 아픈 이유

정신분열증

"남들보다 더 있어 보여야만 한다."

"여기에 집을 그려주세요."

"어떤 집이요? 아무 집이나 그려요?"

그녀는 잠시 망설이다 길쭉한 사각형을 그렸다.

"어떤 집인가요?"

"제가 살고 싶은 아파트예요. 아파트로 이사 갈 거예요."

170cm의 훤칠한 키에 가냘픈 몸매인 그녀는 긴 생머리, 흰 피부를 가진 젊은 여자였다. 그녀는 이름만 대면 알 만한 유명 브랜드의 아파트에 사는 중산층의 삶을 오랫동안 꿈꿔왔다. 하지만 그녀가 그린 아파트는 작은 간이식 창고처럼 생겨, 금방이라도 무너질 듯 허술해

보였다.

"제가 달동네에서 산다고 고등학교 때부터 애들이 저를 무시했어요. 우리 집이 가난하다고 그러는 것 같았어요."

17살 때부터 친구가 없었다는 그녀는 가난이 모든 불행의 원인인 것 같다고 했다. 부모님은 동네에서 구멍가게를 운영했지만 벌이가 시원찮았고, 하루하루 먹고살기 바빴다. 고교 시절 같은 반 친구들은 부자 동네에서 사는 아이들과 달동네에서 사는 아이들로 갈렸다. 부자 동네의 아이들은 때깔부터 달라보였다. 그녀는 귀티 나는 그 아이들과 어울리고 싶었지만 달동네에 살았기에 늘 경멸하는 시선에 시달렸다고 회상했다. 그녀는 가난한 자신을 무시하는 듯한 시선 때문에 위축되었고 급기야 스스로 친구 사귀기를 포기했다.

"달동네 애들과는 어울리기 싫었어요. 저는 거기를 벗어날 거라고 생각했거든요."

이후 친구도 없이 외롭게 고등학교를 졸업한 후로는 8년간 별다른 일을 하지 않은 채 집 안에만 틀어박혀 살았다. 학비를 마련하는 것도 문제였지만 고등학교 성적이 낮아 대학에 갈 생각은 하지 못했다. 부모님 권유에 따라 잠깐 미용 학원을 다녀보기도 하고 편의점 아르바이트도 해봤지만, 한 달 이상 넘기지 못했다.

"한 달에 고작 100만 원 벌려고 정해진 시간에 정해진 자리에 가 있어야 된다는 것을 납득 못하겠어요. 왜 그래야 해요? 도저히 못 하겠더라고요."

그녀는 어느덧 28살이 되었지만 변변찮은 사회생활을 해보지도 못한 채 부모님에게 조금씩 용돈을 타 생활하고 있었다. 만날 사람도, 해야 할 일도 없던 그녀는 집에서 하루를 보내며 인터넷채팅에 빠졌다. 그녀가 시간을 보내는 방법은 가상공간에서 처음 만난 낯선 이와 대화를 이어가는 것뿐이었다.

신데렐라의 꿈

그러던 중 그녀는 돈이 많은 중년남성들을 만나게 되었다. 하릴없이 혼자만의 시간을 보내던 그녀에게 중년 남성들이 보내는 돈의 유혹은 강렬했다. 그녀는 잘 모르는 남자들을 만나면서 돈을 받았다. 한 번 만날 때마다 수십만 원씩 받으며 사고 싶은 물건도 사고, 점차 고급스러운 여자가 되는 느낌이 들었다. 그렇게 여러 남자를 만나던 중 유흥업소를 운영하는 부유한 중년 남자와 지속적으로 만나게 되었다.

두 사람은 남자의 아내 몰래 계속 만났고, 남자는 젊은 여자의 육체에서, 여자는 남자의 돈에서 만족을 얻었다. 고급 외제 승용차를 타고 청담동 일대를 돌아다니면 부자가 된 것 같은 기분이 들었다. 남자가 사주는 명품백, 향수, 스카프를 가지고 있으면 성공한 사람이 된 것 같았다. 비싼 레스토랑에서 음식을 먹으면 상류층의 삶을 사는 것 같았다. 여자는 점차 남자가 자신을 사랑한다고 믿었고 언젠가는 아내와 자식들을 버리고 자신과 결혼할 것이라고 믿었다. 하지만 남자는 잠깐의 쾌락을 위해 여자를 이용했을 뿐 일방적으로 연락을 끊어버렸다.

그녀는 남자에게 수십 통의 문자를 한꺼번에 보내기도 하고, 받지 않는데도 밤낮을 가리지 않고 끊임없이 전화했다. 남자가 여자를 피하는데도 그녀는 집착을 버리지 않았다. 남자는 결국 그녀에게 소리쳤다.

"제발 그만해! 더이상 보기 싫으니까 그만 괴롭히고 꺼져버려!"

그녀는 남자에게 울면서 애원했다.

"당신이 날 사랑한다는 걸 알아. 내가 당신 만나면서 다른 남자랑 잔 걸 알아서 그러는 거잖아. 다른 남자랑 모텔 갔을 때 그 방에 감시 카메라 설치해놓은 것도 당신이었다는 거 다 알고 있어. 나한테 사람까지 붙여서 감시했잖아."

그녀는 남자가 끈질기게 자신을 밀쳐내는데도 그가 자기를 사랑한다고 믿었다. 아무런 근거가 없는데도 남자가 자신을 사랑해서 일거수일투족을 감시했으며, 감시카메라까지 설치해 다른 남자와의 성관계 동영상까지 찍어 갖고 있다고 믿었다. 그녀는 남자가 질투에 눈이 멀어 자신에게 화를 내는 거라고 생각했고, 자신이 진심을 다해 용서를 빌면 돌아올 것이라고 믿었다. 남자에 대한 사랑과 과거에 대한 후회, 안타까운 감정으로 뒤범벅이 되어 거리를 걸으면, 마주치는 사람들이 자신을 보고 수군거리는 것 같았다.

"돈 많은 남자 만나서 팔자 폈네."

"재수 없어, 저 여자 돈만 많으면 다야?"

자신을 욕하는 목소리는 처음에는 웅성웅성하더니 점차 생생하게 들리기 시작했다. 환청이었다. 곧 재벌 못지않은 남자에게 시집 갈 자신을 시샘하는 눈초리가 느껴졌다. 그녀는 자신을 부러워하는 이들의 시선이 두렵기보다는 그들에게 연민을 느꼈다고 한다.

"나도 가난했을 때가 있었지. 그 열등감 이해해, 당신들….”

그녀가 그린 아파트는 곧 무너질 것 같았지만, 동화 속 여주인공이자 신데렐라가 될 수 있다는 그녀의 판타지는 이미 현실이 되어 견고하기만 했다.

"선생님, 저를 사랑해주는 분이 있어요. 그분한테 전화 좀 해도 될까요? 제 전화를 기다리고 있을 텐데…. 얼른 퇴원해서 만나야죠. 근데 선생님, 저 언제 퇴원할 수 있어요?"

자신만의 판타지 속에서

그녀는 입원한 지 한참이 지나도록 부유한 남자가 자신을 사랑한다는 망상을 내려놓지 못했다. 자신의 삶을 구원해줄 왕자님에게 버림받았다는 현실은 너무나 처절했기 때문이다. 망상은 그녀가 위태로운 삶을 지탱하기 위해 필사적으로 붙들고 있는 방어기제였다.

순진한 그녀는 치료진들을 붙잡고 자신의 호기심을 해결하기 위한 질문 공세를 펼치곤 했다. 주로 돈과 관련된 질문이었다.

"선생님, 회사원들은 월급 얼마 정도 받아요?"

"20대 후반이면 평균 OOO만 원 정도일 것 같은데요."

"어머나 세상에! 그거 갖고 어떻게 살아요? 굶어 죽는 거 아니에요? 정말 그 돈으로 생활하는 게 가능해요?"

"선생님, 커피 한 잔에 얼마 정도해요?"

"편의점에선 천 원짜리도 팔고, 커피전문점같은 데에선 5천 원도 하지요."

"천 원짜리 커피도 있어요? 5천 원도 싼 것 같은데? 커피 한 잔에 보통 2만 원 하지 않아요? 제가 가던 데에선 그 정도 하던데."

그녀는 눈이 동그래져서 몇 번이고 되물었다. 평범한 소시민의 현실을 받아들일 수 없는 그녀는 소시민이 되는 것을 거부했고 자신만의 견고한 현실을 구축해 살고 있었다. 비록 현실은 정신과 보호병동이었지만 판타지 속의 공주는 왕자님이 자신을 구원해주기만을 기다리고 있었다.

그녀의 콤플렉스를 직면해 딛고 일어서기보다는, 받아들일 수 없는 현실을 부인(denial)하며 왜곡하는 방식으로 살아갔다. 그녀는 아무런 아픔도, 슬픔도 없다고 했다. 고등학교 시절 가난 때문에 왕따를 당했던 과거 따위는 더이상 자신을 괴롭히지 못한다고 했다. 지금은 부유한 남자에게 충분히 사랑받고 있고, 곧 자신이 꿈꾸던 아파트로 이사갈 것이기 때문에 이제는 원하던 것을 소유해서 행복하다고 했다. 하지만 그 행복은 그녀가 그린 그림 속의 아파트처럼 곧 무너질 듯 위태롭기만 했다.

정신분열증이란 어떤 것일까?

정신분열증은 인간의 삶을 황폐화시키는 심각한 정신장애로, 주로 현실검증력을 잃고 현실로부터 동떨어진 사고와 지각을 나타내며 혼란스러운 심리상태를 보인다. 가장 대표적인 증상은 앞의 사례에서 본 것처럼 '망상(delusion)'이다. 망상이란 논리적인 설득, 반증할 수 있는 객관적인 증거가 있음에도 불구하고 변하지 않는 잘못된 믿음을 말한다.

망상에는 여러 가지 종류가 있다. 외부에서 자신을 감시하거나 미행하며 피해를 주고 있다는 피해망상, 자신이 매우 중요한 임무를 맡은 특별한 인물이라는 과대망상, 일상적인 일들이 자신과 관련되어 있다는 관계망상, 타인과 자신이 사랑하는 관계라는 애정망상, 자신의 몸에 심각한 질병이 있다는 신체망상 등으로 구분된다.

망상은 주로 열등감이나 심리적 취약성과 관련해서 나타난다. 예를 들어 콤플렉스가 심한 사람의 경우 그에 대한 반동으로 오히려 과대망상이 나타나곤 하며, 애정욕구가 결핍된 사람의 경우 애정망상이 나타나곤 한다. 아무것도 성취하지 못한 자신에 대한 방어로 신체망상이 생겨 자신의 질병 때문에 이 모든 불행이 생긴 것이라고 믿는 경우도 있다. 이렇듯 망상은 열등감을 보상하려고 하는 과정에서 생겨나는 경우가 많다.

망상 외에도 정신분열증의 대표적인 증상이 있다면 '환각'이다. 외부에 실제 자극이 없는데도 소리를 듣거나 형태를 보는 등 왜곡해서 지각한다. 망상이 함께 나타날 경우 환각을 경험하는 경우가 많다. 이렇듯 망상과 환각 외에도 정신분열증 환자들은 기이한 행동을 하거나 타인이 이해하기 힘든 말을 하기도 하며, 정서가 둔해지거나 의욕이 없어진 듯 주변에 무관심한 태도를 보이기도 한다. 정신분열증은 증상 자체가 매우 이질적이어서 그 주요 증상에 따라 더 다양하게 분류된다.

정신분열증의 원인은 무엇일까? 안타깝게도 명확한 원인은 아직 밝혀지지 않았다. 게다가 정신분열증 환자들은 워낙 다양한 사람을 포함하기 때문에 원인을 한두 가지로 정의하기 어렵다. 현재로서는 생물학적인 원인과 심리사회적 원인에 더해 환경적인 스트레스가 복합적으로 작용한다는 가설이 가장 유력하다. 뇌의 구조적인 원인뿐만 아니라 신경전달물질 가운데 하나인 도파민 활동의 과다가 정신분열증 증상과 관련되며, 태내 조건이나 출생시 태아에게 미친 문제 등이 영향을 준다는 것이다. 또한 가족 내의 의사소통에 문제가 있거나 주변 환경에서 받는 스트레스가 과도할 경우 생물학적인 취약성과 상호작용하며 발병한다.

따라서 치료도 이 모든 원인을 고려해서 이루어진다. 정신분열증의 치료는 주로 입원치료를 통해 이루어지며, 약물치료가 핵심을 이룬다. 정신분열증 환자는 피해망상이나 환각으로 인한 심각한 부적응을 일으키곤 한다. 따라서 자신과 타인을 해칠 염려가 있기 때문에 입원치료가 권고되는 것이며, 우선은 정신증적 증상을 완화하는 데 초점을 두어야 한다. 망상이나 환각을 완화하기 위해 항정신병 약물을 처방하며, 이어서 근본적인 치료와 재적응을 위한 심리치료가 이루어진다.

정신분열증 환자는 퇴원 후에도 사회 적응에 어려움을 겪는 경우가 많다. 그래서 사회기술훈련이나 재활을 위한 훈련이 강조된다. 각 지역마다 마련된 정신보건센터에서는 정신분열증 환자의 사회 적응을 위한 각종 프로그램들이 있으므로 도움을 받으면 좋다.

정신분열증 환자를 위한 프로그램에는 어떤 것이 있을까? 이들은 대인관계 기술이 부족할 뿐 아니라 사회적 단서에 점차 둔감해지는 경향이 있다. 따라서 사회적 맥락을 파악하는 방법이나, 타인의 감정과 의도를 파악하는 훈련을 하며 적절한 교류 방식을 배운다. 아울러 직업 활동을 할 수 있도록 직업재활훈련에 돌입한다. 정신분열증 환자뿐만 아니라 가족 또한 개입의 대상이 된다. 가족이 겪는 심리적 고통 또한 간과할 수 없기 때문이다. 가족치료와 교육을 통해 정신분열증에 대한 지식을 쌓게 되며, 환자와의 효과적인 의사소통 방법을 익히게 된다.

14
오르락 내리락
롤러코스터 같은 감정 변화

조울증

"나는 결점이 없는 존재다."

문장완성검사

"(나의 두려움은) 없다."

"(완벽한 남성상은) 나다."

"(나의 결점은) 없다."

"(나의 능력은) 완벽하다."

우울, 불안, 조증 검사

우울점수 0점

불안점수 0점

경조증 척도 0점

조증 척도 0점

그의 심리검사 결과를 보고 할 말을 잃었다. 모든 자기보고식 검사 상에서 다음과 같이 외치고 있었기 때문이다.

"나는 아무런 문제가 없어요. 완벽하죠."

그가 그림검사를 할 때 그린 집은 거대한 빌딩이었다. 많은 사람들이 작고 소박한 집을 그리는 것과는 대조적이었다. 외관이 유리로 된 빌딩은 빛을 받아 반짝거렸고, 옥상에는 개인용 헬리콥터 착륙장이 있었으며, 빌딩 앞 공원에는 해맑게 웃고 있는 아이들의 모습이었다.

"집이라면 이 정도는 되어야겠죠?"

그는 자신이 그린 그림을 내려다보며 피식 웃었다.

"선생님, 전 힘든 게 없어요. 제가 왜 치료를 받아야 되는지도 모르겠어요."

그는 입원 첫날, 고개를 갸우뚱거리며 영문을 모르겠다는 표정을 지었다. 그가 생각하는 '자기'는 심리검사상으로는 전혀 우울하거나 불안하지 않았고, 두려움이나 걱정도 없었기 때문이다. 그는 못하는 것도 없고, 대인관계, 학업, 직업 등 모든 면에서 완벽하다고 했다. 그리고 인간이 가질 수 있는 사소한 결점과 고통마저 없다고 했다. 하지만 남자의 눈빛은 불안한 듯 흔들렸고, 시선은 현실 너머 다른 무언가를 바라보고 있었다.

냉혹한 현실을 부인하기

가족들을 통해 들은 그의 삶은 치료자에게 드러내고자 하는 모습과는 사뭇 달랐다. 아내는 그가 회사생활에 적응하지 못하고 문제를 계속 일으켜왔다고 했다. 제법 괜찮은 회사에 들어갔을 때까지만 해도 승승장구할 거라 기대했지만, 최근 복잡하고 어려운 업무를 맡아 힘겨워 하더니 급기야 동료들의 실적과 비교되면서 좌절했다고 했다. 일도 힘들었지만 사람들과의 관계는 더 큰 문제였다고 한다. 사람들의 태도에 극도로 예민하게 반응해서 사소한 일에도 갈등을 일으켰고 결국 회사에서 소외되어 누구와도 어울릴 수 없었던 것이다. 그는 점점 더 신경질적으로 변했고, 가정에서는 아내에게 함부로 대했다고 한다. 아내는 남편의 짜증과 폭언 속에 지쳐갔고, 부부관계는 이혼 위기에 놓였다.

하지만 남자는 냉혹한 현실을 바라보지 않았다. 행복할 이유가 없는데도 이유 없이 기분이 들떠 실없이 웃고 다니더니 얼마 전부터는 자신감에 넘쳐 스스로 완벽하다고 주장하기 시작했다.

"여보, 당신이 조금 이해해주면 난 전지전능한 하느님이 될 수 있어. 내가 신이니까, 걱정하지 마."

그는 가족들에게 알 수 없는 말을 하기 시작했다. 그러더니 사흘 밤낮 동안 잠을 자지 않고 방 안에 틀어박혀 기도문을 외우기 시작했다.

"나쁜 놈, 너는 모든 걸 다 가졌어."

"신이시여, 제 가난한 삶을 도와주십시오."

그는 자신을 향한 목소리를 듣기 시작했다. 완벽한 자신을 시기하는 적들의 목소리와, 그가 하느님인 것을 알아보고 도와달라며 구걸하는 백성들의 목소리였다. 생생한 목소리가 들렸고 스스로 신에 가까워졌다고 확신했다. 그는 결국 가족들에게 회사를 그만두고 세상을 구원하기 위한 활동을 해야겠다고 주장했다. 아내가 남편의 변화를 알아차리자 그는 폭군이 되어 아내를 구타했다.

결국 가족들은 그를 병원에 데려왔고, 치료진은 그를 보호병동에 입원시키기로 결정했다. 하지만 입원한 지 한 달이 지나도 여전히 자신의 문제가 무엇인지 모르겠다는 그는, 치료진들에게 먼저 다가와 말을 건네고는 했다.

"선생님, 그 진주 귀고리 얼마 짜리에요?"

"선생님, 그 가방 얼마 주고 사셨어요?"

그의 질문은 자신의 병에 대한 것도, 입원 생활에 대한 것도 아니었다 그는 오직 누군가가 갖고 있는 물건의 값어치에만 관심이 있는 듯했다. 그는 상담자가 손에 쥔 커피를 보고 물었다.

"선생님, 그 커피 어디 브랜드에요?"

"편의점에서 산 커피인데요."

"하하, 선생님. 귀고리도 싼 거라더니 커피까지 싸구려네요? 그건 그렇고 그 시계는 얼마짜리에요?"

"이것도 비싼 건 아니에요."

"하하, 선생님. 싼 것만 쓰시네요? 왜 그러세요?"

"자꾸 가격을 물으시는 걸 보니 좋은 물건을 갖는 데 관심이 많으신가 봐요."

"네, 제 시계 얼마짜리로 보이세요? 제 안경은요? 이거 어느 브랜드인지 아세요?"

"…."

내면이 만들어낸 허구의 세계로 도피하다

그의 이야기를 듣다 보니 치료자로서 평정심을 유지하지 못하고 순간 짜증이 올라왔다. 기분이 상해서 '당신은 얼마나 돈이 많기에.'라는 생각이 머릿속에 맴돌았다. 이것이 치료자가 환자에게 느끼는 감정, 즉 '역전이(counter transference)'다. 하지만 역전이는 치료 과정에서 버리는 감정이 아니기에 마음을 가다듬는다. 치료자가 환자를 대면했을 때 느끼는 감정을 통해 환자가 평소에 다른 사람들에게 불러일으키는 감정을 추측할 수 있기 때문이다. 아마도 그는 자신의 동료들에게도 이런 질문을 했을 것이고 반감과 짜증을 불러일으켰을 것이다.

그가 살아온 세월을 들으며 그의 내적 세계를 이해할 수 있었다. 하루하루 생계를 걱정해야 할 정도로 가난한 환경에서 자란 그는, 어머니를 일찍 여의고 일용직 노동자였던 아버지 밑에서 힘겹게 살아왔다. 가난에 대한 절망감과 '가난한 나를 무시할지도 모른다.'라는 열등감이 깊게 뿌리내렸다. 그는 어린 시절 지겹도록 자신을 짓눌렀던 콤플렉스를 보상하고자 값비싼 물건을 몸에 걸치고 과시했다. 거만하고 남을 무시하는 듯한 태도는 사실 무시당하지 않기 위한 처절한 방어였던 셈이다.

"어린 시절에 돌보아줄 사람이 없었다고 하셨는데, 기분이 어떠셨어요?"

"별로 힘든 건 없었는데요, 아무렇지도 않았어요."

"친구가 전혀 없었다고 하셨는데, 기분이 어땠나요?"

"전 혼자 놀기를 잘해서 아무렇지도 않았는데요."

그는 보통 사람이라면 힘들 법한 상황에서 한 번도 우울하거나 불안한 적이 없었다고 했다. 그는 조증적 방어, 즉 부정이나 억압 같은 방어기제를 과도하게 사용하고 있었던 것이다. 인정하기 싫은 현실 앞에 눈을 질끈 감아버리기, 아프다는 현실을 인정하지 않기, 마치 없던 일처럼 아픈 상처를 기억의 저 구석 어딘가로 밀어내기. 그는 잊고 싶은 과거와 아픈 현실을 감당하기 위해 자신이 만들어낸 허구의 세계로 도피하고 있었다. 가상 세계가 더할 나위 없이 완벽하게 각색된 만큼 그 이면에는 바라보기도 힘든 깊은 상처가 있었던 것이다.

누구나 벅찬 현실을 살아가기 위해 조금씩은 현실을 부인하고 공상에 빠져 지내기도 한다. 하지만 스스로 외면하며 밀어낸 마음의 상처들은 언젠가는 불쑥 그 얼굴을 드러내며 자신을 괴롭힌다. 고통스러운 감정에 대한 반동으로 모든 아픔을 부인할 때 조증 같은 정신과적 증상이 나타나기도 한다. 현실을 왜곡하고 부정하는 과장된 행복은 삶이 주는 상처와 아픔을 기꺼이 인정하고 경험하는 소소한 행복보다 진실하지 않다.

마음이 건강하다는 것은 완벽한 행복, 완벽한 자신감, 완벽한 자기상을 갖는 것을 말하는 게 아니다. 불완전하고 부족한 모습도 수용할 수 있는 것, 이대로 충분하지 않은 현실을 직시할 수 있는 것, 완벽하지 않은 부모와 나 그리고 결점이 있는 타인을 수용할 수 있는 것, 아픔을 알면서도 현실에 발 디딘 채 긍정적으로 살아갈 수 있는 건강한 낙천성을 갖는 것, 그것이야말로 진정한 마음의 건강이 아닐까.

조울증, 어떻게 치료해야 할까?

조울증은 기분이 가라앉는 우울증이 나타나기도 하고 기분이 들뜨는 조증이 나타나기도 하는 마음의 병이다. 조증을 경험하는 사람들은 우울증일 때와는 정반대로 기분이 들뜨고 자신감과 힘이 넘친다. 무엇이든 할 수 있을 것 같은 마음에 거창한 계획을 세워 무모한 일을 벌이기도 하고, 에너지가 넘치기 때문에 잠이 줄어들고 쾌락적이거나 목표지향적인 활동에 몰두하기도 한다. 스스로 느끼기에도 유난히 기분이 좋고 행복하기 때문에 조증 상태가 특별히 문제되거나 병이라는 생각을 못한다. 평소보다 들떠 있고 활동량이 늘어나므로 주변 사람들이 조금 이상하다는 생각을 하지만, 본인이 즐겁다고 하니 큰 문제라는 생각을 하지 못한다. 하지만 조증 상태는 병으로 분류될 만큼 위험하고, 심각할 경우에는 입원치료를 요하기도 한다.

조증 상태는 왜 위험한 것일까? 조증 상태에서는 평소보다 판단력이 떨어지고 충동적으로 되기 때문에 위험한 일에 빠지기 쉽다. 예를 들어 조증일 때 판단력을 잃고 과속 운전을 한다든가, 감당할 수 없을 만큼 쇼핑을 한다든가, 문란한 성생활에 빠져드는 경우가 있다. 말 그대로 멈출 수가 없는 상태이기 때문에, 중추신경계를 진정시킬 수 있는 술이나 약물의 유혹을 받기도 쉽다. 또한 조증 상태에 있는 사람들 대부분은 감당할 수 없는 무모한 일을 벌려놓기도 해서 조증 상태에서 벗어났을 때면 고통에 빠지기도 한다. 위험을 무릅쓰고 사업을 확장하거나, 책임질 수도 없는 일을 새로 시작하고, 못 갚을 돈을 빌리기도 한다.

또한 조증 상태와 우울증 상태가 번갈아 오는 경우가 많은데, 우울증에서 조증으로 전환되는 시기에 자살률이 높아진다. 게다가 조증이 심해지면, 앞의 사례처럼 망상이나 환각을 경험하는 정신증적 증상이 나타나기도 한다. 조증 상태에서는 자신이 신이라든가, 전지전능한 사람이라든가, 위대한 사람이라고 믿는 과대망상(grandiose delusion)이 흔하게 나타난다.

하지만 조증인 사람들은 자신의 병에 대해 인식할 수 없기에 제 발로 치료자를 찾는 경우는 드물다. 대개는 우울 상태에서 치료자를 찾거나, 혹은 조증 상태일 때 심각한 문제를 일으켜서 가족이나 지인들의 권유로 치료를 받는 경우가 대부분이다. 우울 상태에서 호전되더라도 이후 조증으로 전환되지 않기 위해서는 지속적인 치료가 필요하다. 하지만 기분 좋은 조증 상태를 즐기는 환자들이 많기 때문에 중도에 치료를 중단하는 경우도 있다. 따라서 조울증은 재발하기 쉬운 병이다.

그렇다면 조울증의 원인은 무엇일까? 조울증은 유전의 영향을 많이 받으며, 노르에피네프린·세로토닌·도파민과 같은 신경전달물질이 중요한 역할을 한다고 알려져 있다. 또한 조증이 발병하는 데는 스트레스가 큰 역할을 차지하며, 생활리듬이 깨지는 것 또한 중대한 원인이다. 예를 들어 과도한 업무나 극심한 스트레스로 인해 잠을 이루지 못하는 날이 지속되거나, 밤낮이 뒤바뀌는 경험을 반복하거나, 지나치게 몸과 마음을 혹사하는 일이 반복된다면 조증 상태에 취약해진다.

조울증 치료는 어떻게 해야 할까? 우선 정확한 진단과 평가가 중요하다. 조울증과 우울증은 그 양상과 치료방법이 다른데도 이 둘을 혼동하는 경우가 많다. 우울증은 경조증이나 조증 상태가 한 번도 없었던 단극성 장애를 일컫는 반면, 조울증은 우울 상태와 경조증 혹은 조증 상태를 모두 경험하는 양극성 장애를 의미한다. 조증이나 경조증을 간과하고 우울증인 줄로만 알고 살아왔는데, 결국 조울증으로 판명 나는 경우도 많다. 따라서 가족이나 지인이 볼 때, 우울하던 사람이 갑작스레 이유 없이 기분이 들뜨고 자신감이 넘치며 감당하기 힘든 일을 벌이는 등 조증 상태를 보이기 시작한다고 생각되면, 일단 조울증을 의심해볼 필요가 있다. 이때는 정신건강전문가를 찾아 환자가 나타내는 조증 상태에 대해 정확하게 보고할 필요가 있다.

조울증 환자의 치료는 약물치료뿐만 아니라 조울증에 대한 충분한 교육과 상담치료도 포함된다. 정상을 벗어난 기분 상태를 완화하기 위해 기분안정제를 투여하는 것만큼 중요한 것은 환자가 밤에 제대로 잠을 자고 충분한 휴식을 취하도록 돕는 것이다. 생활리듬이 깨지고 극심한 스트레스 상태가 지속되면 조울증을 유발한다고 보기 때문이다. 따라서 몸과 마음이 충분히 쉴 수 있도록 휴식기를 갖고, 생체리듬을 원상태로 돌리도록 조치한다.

또한 조울증은 재발할 가능성이 높기 때문에 치료를 지속하며 환자의 상태를 관찰해야 한다. 이때 환자가 치료를 지속할 수 있도록 환자에게 조울증에 대한 교육을 충분히 하는 것도 중요하다. 조증 상태가 어떤 것이며, 얼마나 위험하고 어떻게 유발되는지 환자가 스스로 알고 예방할 수 있어야 한다. 즉 환자 스스로 지나친 스트레스를 피하며 잘 자고 푹 쉬며 규칙적인 생활을 유지할 수 있도록 생활을 관리해야 하는 것이다. 여기서 핵심은 환자가 자신의 병에 대해 인식할 수 있도록 하는 것이다. 환자 스스로 조증을 알아차릴 수 있는 인식능력이 생기면, 자신의 생활 패턴을 주의 깊게 관찰해 발병 가능성을 낮출 수 있기 때문이다. 가족들 또한 조울증에 대한 지식을 충분히 갖고 환자의 생활을 지켜보며 관리해야 한다.

심리치료의 경우 조울증을 유발하게 된 심리적인 취약성을 다루게 된다. 조증 상태에서는 인정하기 싫은 현실 앞에서 눈을 질끈 감아버리는 '부인(denial)'이라는 방어를 많이 쓰곤 한다. 또한 뿌리 깊은 열등감을 보상하기 위한 무의식적인 시도에서 거창한 계획을 세워 감당할 수도 없는 활동을 하는 등 조증적인 방어 상태를 보이기도 한다. 전문적인 상담자는 환자의 고통을 어루만지는 동시에 환자가 현실적인 인식을 할 수 있도록 돕고, 조증적 방어를 포기하고 일상생활을 관리할 수 있도록 돕는다.

15
볼품없는 내 모습,
누가 나를 사랑할까?

회피성 성격

"사람들은 나를 싫어할 것이다."

"선생님, 저는 어떤 매력이 있을까요?"

민정은 심각한 표정으로 물었다. 늘 혼자여서 외롭다는 그녀는 사람을 사귀고 싶다는 바람을 갖고 상담실을 찾았다. 자신에게 뭔가 문제가 있기는 한데 그 문제가 뭔지 모르겠다며, 아마도 자신이 '문제투성이'라서 사람을 사귈 수 없는 것 같다고 했다. 사람들은 민정에게 먼저 다가와도 곧 떠나갔고, 스쳐 지나는 인연들 속에서 그녀는 결국 쓸쓸하게 혼자 남겨진다는 것이다.

"본인의 매력이 뭐라고 생각하세요?"

"글쎄요. 제게 그런 게 있기는 할까요? 사람들이 저 같은 진지병 환자를 싫어하지나 않으면 다행이죠."

"진지병 환자요?"

"네, 진지병 환자. 말솜씨도 없고, 재미도 없어서 사람들을 웃길 줄도 모르죠."

"말솜씨가 없다고요?"

"네, 전 말솜씨가 없어요. 사람들과 있으면 어떻게 해야 할지 모르겠어요. 이렇게 말도 못하는 나를 사람들이 좋아해줄까, 누가 내 이야기를 들어줄까 하는 고민도 있고요."

그녀는 자신이 매력이 없고 말도 잘 못하고 재미도 없어서 다른 사람들을 떨어져나가게 하는 사람이라고 생각했다. 이야기를 더 들어보니 민정은 좌중을 압도하는 카리스마와 사람을 끌어당기는 말솜씨에 유머까지 갖춘 이상적인 사람을 꿈꾸고 있었다. 사람들 사이에 둘러싸여 늘 웃음을 주는 사람, 같이 있으면 지루하지 않고 항상 즐거워서 누구든 먼저 친해지고 싶어하는 사람. 민정이 꿈꾸는 사람을 머릿속에 그려보니 사교적이라고 소문난 유명인들까지 손꼽아 고려해도 몇 명 떠오르지 않았다.

하지만 민정이 생각하는 현실의 자기는 그녀가 그리는 이상과는 달리 인간적인 매력 하나 없이 볼품없고 초라하며 쓸쓸했다. '나는 뭔가 잘못되었다, 있는 그대로는 부족하다.'라는 믿음이 뿌리 깊게 자리 잡고 있었던 것이다. 그녀는 부족하고 기대에 못 미치는 자신이 싫었기에 '나는 못났다.'라고 되뇌며 스스로를 질책했다. 모든 사람에게 인정받고 항상 칭찬만 받는 매력적인 사람이 되어야 한다는 내면의 목소리가 컸기 때문에 사람들을 만나면 자신의 행동을 일일이 세밀하게 관찰했다.

'내가 지금 어떤 말을 해야 하지?'

'내가 이런 말을 하면 싫어하려나?'

'내가 무슨 답변을 해줘야 하는 걸까?'

'내가 불안해하는 걸 눈치채는 건 아닐까?'

'이 사람이 날 싫어하면 어쩌지?'

그녀는 자기 행동을 놓치지 않고 지켜봤고, 엄격한 내적 질책은 마음을 더욱 위축되게 했다. 마음속의 감독관은 사사건건 엄포를 놓으며 간섭했다.

'말을 좀더 재밌게 했어야지.'

'넌 시선 처리가 불안해. 상대방이 알아차릴 거야.'

'말 더듬는 네 멍청한 모습을 봐. 바보 같아.'

'이런 재미도 없는 여자 같으니라고. 너 때문에 상대방이 불편해하잖아.'

너무 신경을 쓰다 보니 몸과 마음이 긴장하고 행동이 어색해졌다. 순간순간 무슨 말을 해야 할지 고민하다 보니 현재에 집중하지 못해 앞에 있는 사람들의 말을 놓치곤 했다. 그러다 보면 대화의 흐름을 따라가지 못했다. 얼굴이 붉어지고 손이 떨리면서 '사람들이 내가 불안해하는 걸 알아차리겠구나, 내가 이토록 한심하다는 걸 알아버리겠구나.'라고 생각하며 더욱 위축되었다. 결국 그녀는 사람들을 만날 때마다 '역시 난 안 되겠구나.'라는 생각을 반복해서 하고 있었다. 이런 모습을 들키는 게 두려웠던 민정은 자신을 감춘 후 냉정한 가면을 얼굴에 썼다.

소외되는 것이 두려워 먼저 숨어버린 사람

하지만 상담자와 만나면서 그녀가 차츰 드러내는 모습은 차분하면서도 진실했다. 말을 많이 하지는 않지만 한마디를 해도 무게가 있었어서 이 사람에게 다가가고 싶고 더 알고 싶다는 느낌이 들었다. 부족한 자신의 모습을 질책하는 모습이 안쓰러웠지만, 한편으로는 자신을 들여다보며 내성(introspection)하는 능력이 있기에 지금보다 성장할 수 있는 모습도 그려졌고, 그녀에게 인간적인 매력 또한 느껴졌다.

그러나 민정은 자신을 사랑하지 못했다. 자신을 있는 그대로 보여주면 사람들이 떠나갈까 두려워 스스로 만든 두꺼운 외피 속에 숨어살아왔다. 혼자가 되는 것이 무엇보다 싫고 외로웠지만, 다른 사람들에게 거절당할 생각을 하면 더욱 불안했다. 자신이 먼저 다가가 손을 내미는 방법도 있었지만 '상대가 혹시 나를 싫어하는 건 아닐까, 나를 불편해하는 건 아닐까.' 하는 생각에 더욱 움츠러들었다.

다른 사람들이 먼저 다가와주었으면 하는 마음은 굴뚝 같았지만,

가끔 그녀에게 호감을 갖고 다가오는 이들이 있어도 본의 아니게 쌀쌀맞은 태도를 보이기도 했다.

'언젠가는 나를 떠날 거야.'

'어차피 나를 싫어할 거야.'

'나는 상처받을지도 몰라.'

'친해져봤자 어차피 영원한 관계는 없어.'

회피, 마음의 방패막

민정은 상처받는 것이 죽을 만큼 싫었기에 누군가에게 거절당하기 전에 먼저 마음을 닫아버리고 회피해버렸다. 자신을 보호하려고 만들어놓은 마음의 방패막은 단단하고 두꺼웠다. 회피는 그녀가 상처받기 쉬운 마음을 보호하기 위한 방어기제였던 셈이다.

"선생님, 이렇게 부족한 저를 사랑해줄 사람이 있을까요?"

"왜 없을 거라고 생각하시나요?"

"부모님조차 저를 사랑해주지 않았던 걸요. 학창시절에는 친한 친구 한 명 없었어요. 저는 앞으로도 계속 이럴 것 같아요. 저는 너무 부족해요."

민정은 무력한 어린아이였던 과거에 머물러 있었다. 민정은 자신이 먼저 뭔가 할 수 있고, 실패해도 다시 일어날 수 있고, 누군가에게 거절당하더라도 또다른 누군가에게는 받아들여질 수 있으며, 타인이 다가오기를 기다리기 전에 내가 먼저 사랑을 주는 사람이 될 수도 있다는 사실을 잊고 있었다.

"한 방에 살고 있는 사람들 10명이 모두 민정 씨 같은 생각을 하고 있다면 어떨까요? 다들 알고 보면 외로우면서도 누군가 먼저 다가와 주기만을 기다리면서 정작 그런 마음을 내색조차 하지 않는다면요?"

"아마 아무도 다른 사람과 친해질 수 없겠죠."

"그런데 누군가 그 침묵을 깨버린다면 어떻게 될까요? 비록 상처 받을 수도 있지만 용기를 낸다면요?"

"그 상처가 너무 두려워요."

민정은 상담을 통해 부모에게 충분히 사랑받지 못했던 과거에 대해 털어놓았고, 유년시절 또래들 사이에서 겉돌던 자신의 모습을 떠올리며 눈물을 흘렸다. 소외되기를 두려워하며 '친밀감'을 향해 고군분투하는 삶의 무게가 버거워, 아예 삶에 나서기를 포기해버린 자신의 이런 지이를 들여다보았다. 지금까지의 삶을 머릿속에 그려보라고 하자 하늘을 날 수 없는 나비가 떠오른다고 했다. 세상이 두려워서 발 내딛기를 주저하며 여전히 과거의 낡은 번데기 속에 갇혀 웅크리고 있는 나비, 하지만 두 날개를 펼치기 위해 조금씩 꿈틀거리고 있는 나비.

"연락이 끊긴 친구에게 먼저 연락해보세요."

"친구가 반기지 않으면 어쩌죠?"

"그러면 뭐 어떤가요?"

해가 지는 것이 두려워 일출을 보지 않을 텐가? 이별이 두려워 만남에서 물러설 텐가? 죽음이 두려워 삶을 피할 것인가? 삶을 직면한다는 것은 분명 불안을 동반하지만, 회피적인 태도는 더 많은 대가를 치르게 한다. 물론 두렵겠지만 실패하고 거절당한들 어떠며, 때로 좌절한들 또 어떠한가? 우리에게는 또 다른 내일이 있지 않은가.

회피의 악순환에서 벗어나려면?

회피성 성격인 사람들은 누구보다도 타인에게 수용받기를 원하고 친밀한 관계를 맺길 갈망한다. 하지만 누군가로부터 받아들여지고 싶은 마음이 강렬한 만큼 사소한 거절의 단서에도 취약하다. 예를 들어 마음에 드는 사람에게 영화를 같이 보러 가자고 말했지만 상대가 중요한 선약이 있다면서 거절한 경우, '내가 매력이 없어서 거절했나 보다.' '나를 별로 좋아하지 않나 보다.' '역시 나는 열등한가 보다.' 라고 생각하면서 좌절한다는 것이다. 상대가 실제로 선약이 있어서 거절한 것이었는데도 말이다. 이렇듯 중립적인 상황을 자신의 부족한 점과 관련지어 생각하며 부적절감을 느끼고 심리적으로 움츠러들기에, 사람들에게 먼저 다가서지도 못하고 사람들의 태도에도 지나치게 예민하다. 그래서 '회피'라는 방어막 속에 자신을 가두어버리고,

상처받기 전에 먼저 마음의 문을 닫아버린다. 결국 마음의 방 속에 갇힌 채 아무것도 하지 않아 고립과 소외를 자초한다. 회피의 악순환에 빠져버리는 것이다.

회피성 성격은 '나는 부족하다.' '나는 열등한 존재다.' '나는 바람직하지 못한 존재다.' '사람들이 내 본모습을 알게 되면 나를 거부할 것이다.'라는 잘못된 믿음을 가지고 있다. 이러한 신념은 어린 시절 주변 사람들의 태도와 관련된다. 부모나 교사, 형제자매, 또래와 같은 중요한 대상이 매우 비판적이고 거부적인 태도를 보였을 수 있고, 아이는 이런 상호작용을 통해 비판적인 타인상과 열등한 자기상을 내재화한다. 결국 아이는 '사람들은 내 못난 모습을 발견할 것이고, 날 거부할 것이다.'라는 잘못된 믿음을 형성하게 된다. 따라서 타인의 거부를 개인적인 결함에 기인한 것으로 해석하며 '사람들은 못나고 부족한 나를 싫어하고 거부할 것이다.'라는 뿌리 깊은 믿음이 더욱 강해진다. 또한 누군가에게 거부당하거나 비판당하는 상황을 지나치게 위협적으로 생각한다. 왜냐하면 누군가 자신을 비판하면 그것이 사실임에 틀림없다고 믿어버리기 때문이다. 사소한 부정적인 단서도 자신이 충분히 사랑스럽지 않고 결함이 있다는 사실을 확증하는 증거로 받아들이기에 쉽게 상처를 받는다.

여기에서 빠져나오려면, 뿌리 깊은 믿음이 사실이 아닐 수 있음을 깨달아야 한다. 스스로에게 질문해보자. 과연 내가 그리도 부족하고 못난 존재인가? 내가 매력이 없는가? 사람들이 나를 거부하기만 했는가? 자신을 회피의 악순환에 가두어버리는 잘못된 믿음에 의문을 품는 동시에, 상처받기 두려워 시도조차 하지 않았던 행동을 실제로 해볼 필요가 있다. 친해지고 싶은 직장 동료에게 먼저 만나자고 제안해볼 수 있고, 오랜 시간 만나지 않았던 동창에게 연락해볼 수도 있다. 또한 사회적 가면 아래 숨겨두었던 진심을 주변 사람들에게 표현해볼 수도 있다. 내가 먼저 다가가려고 시도하면 상대는 어떻게 반응하는가? 과연 사람들은 정말 결함이 있는 나를 거부하는 것인가? 혹은 나 스스로 비관적인 해석의 굴레에 빠져 있던 것은 아닌가? 중립적인 단서는 부정적으로 해석하는 한편, 긍정적인 단서는 잘 읽어내지 못하는 자신의 성향을 깨달아야 한다.

누군가에게 거절당하는 것은 그리 치명적인 사건이 아니다. 타인이 당신의 제안을 받아들이지 않는다고 해서 당신이 결함이 있다는 것은 아님을 깨달아야 한다. 또한 지금까지는 못보고 지나친 긍정적인 단서에 대해서도 주의를 기울여야 한다. 당신을 향한 수용의 단서를 파악하기 위한 연습은 '긍정 다이어리 쓰기'를 통해 시작할 수 있다. 하루에 한 가지씩 사람들 사이에서 있었던 좋은 일을 일기장에 써보자. 하루하루 일기를 써보면 지금까지는 모르고 지나쳤던 사람들의 미소와 친절을 알게 될 것이다. 그러면 분명 당신은 깨닫게 될 것이다. 당신은 스스로 생각했던 것처럼 매력 없고 못난 존재가 아니라는 사실을 말이다.

16

큰바위얼굴,
외모가 나를 불행하게 한다

신체변형장애

"내 외모에 문제가 있다."

"이런 못생긴 얼굴로는 아무것도 할 수 없어요."

"못생겼다니요?"

"이 사각턱 안 보이세요? 이런 턱으로 뭘 하겠어요."

"…"

"애들이 큰바위 얼굴이라고 놀렸어요. 놀림받는 그 기분을 아세
요? 얼마나 비참한지 몰라요. 흑흑."

민주는 상담 시간 내내 자신의 못난 얼굴을 한탄하며 흐느꼈다.
자신의 얼굴이 얼마나 크고 각이 졌는지, 그 정도가 너무 심해 인생이
불행하다고 했다. 못생긴 얼굴 때문에 친구도 사귈 수 없고 공부도

할 수 없으며 심지어는 학교도 다닐 수 없다고 했다. 민주가 말하고 있는 자신의 모습은 네모진 턱 모서리가 큰 흉기처럼 달려 있는 괴상하고 흉측한 외계 생명체였다.

"저는 괴물이라고요, 괴물!"

괴물. 민주가 한마디로 표현한 그 단어는 민주가 자기 자신을 보는 시선을 잘 드러내고 있었다. 그녀는 스스로 표현한 대로 정말 괴물이었을까? 사실 민주는 턱이 살짝 각지기는 했지만 깨끗한 피부에 오밀조밀한 이목구비를 가진 귀여운 인상의 여고생이었다. 눈에 띄게 예쁜 얼굴은 아니었지만 괜찮은 외모였다.

"저는 잘 모르겠네요."

"왜 모르시는 거죠? 이 턱이 안 보이세요?"

치료진이 계속해서 안심시키고 설득해도 민주는 자신의 턱이 무척 흉측하다고 생각했다. 그러고는 보호병동에 입원한 내내 하루 종일 거울을 들고 턱을 들여다봤다. 민주는 하루에도 몇 시간씩 거울을 뚫어질 듯 바라보며 턱을 매만지고 꼬집어보았지만 각진 턱이 더욱 흉하게 보였다. 추한 얼굴의 굴레에서 벗어날 수 없다는 이 여고생은 모든 관심이 자신의 네모진 턱에 가 있었고, 그 밖의 것은 안중에도 없었다.

"남자애들이 주걱턱이라고 놀렸어요. 흑흑…."

시선을 아래로 향한 민주의 눈에서 눈물이 주르륵 흘러내렸다. 민주는 뺨을 타고 흐르는 눈물을 훔치고는 고통스러운 표정을 지으며 턱을 세게 꼬집었다.

"이 네모진 턱만 아니었어도 내 삶이 이렇게까지 망가지지는 않았을 거에요."

민주의 삶은 정말 각진 턱 때문에 망가졌을까? 그녀의 두 눈은 자신의 모습과 세상을 깨끗하게 보고 있는 걸까? 몇 년 전 학교에서 있었던 일을 회상하는 민주의 얼굴은 과거의 상처가 되살아나는 듯 고통으로 일그러졌다.

"복도를 지나가고 있었어요. 잘 알지도 못하는 다른 반 남자애였는데 제 얼굴을 보더니 큰 소리로 놀리더라고요."

"뭐라고 하던가요?"

"주변 애들에게 '야! 큰바위얼굴 지나간다!'라고 소리쳤어요. 저한테 손가락질 하면서… 으흐흑…."

민주는 처음에는 남학생의 놀림을 대수롭지 않게 생각했다. 하지만 매일 아침 학교 갈 준비를 하기 위해 거울을 볼 때마다 남학생의 잔인한 외침이 떠올랐다고 한다.

"내 얼굴이 놀림받을 만큼 그렇게 큰가?"

민주는 얼굴을 이리저리 돌리며 거울에 비친 자신을 관찰하기 시작했다. 구석구석 얼굴을 들여다보니 살짝 튀어나온 옆 턱 부분이 도드라져 보이기 시작했다.

'내 턱이 네모나기는 하네. 이것 때문에 그런가?'

그날부터 친구들과 수다를 떨 때도, 수업 시간에도, 식사를 할 때에도 네모난 턱이 신경 쓰였다.

"야! 큰바위얼굴!"

남학생의 외침이 불쑥불쑥 떠오르면, 주머니에 넣고 다니던 손거울을 꺼내 턱을 들여다봤다. 거울로 보면 조금이나마 막연한 불안이 줄어들 것 같았다. 하지만 불안이 없어지기는커녕 심해지기만 했다. 턱이 네모나서 못생겼다는 생각이 갈수록 심해지면서 외모에 더욱 집착하게 되었다.

외모에 집착하기 전까지만 해도 민주는 평범한 여학생이었다. 남들처럼 친구도 곧잘 사귀고 몇몇 남학생들에게 고백도 받았다. 하지만 거울 속의 흉측한 턱이 눈에 띄면서 민주는 점점 심리적으로 위축되기 시작했다.

'이 턱 때문에 난 아무것도 못할 거야. 난 쓸모없어….'

성형수술에 미래를 걸다

민주는 치명적인 결점이라고 생각하는 턱을 가리려고 양 옆으로 머리카락을 늘어트려 얼굴을 반쯤 가리고, 고개를 숙이고 다녀 남학생의 시선을 피했다. 자신감이 없으니 점점 어깨가 굽어가고 표정도 어두워졌다. 같이 다니는 친구들에게 쉴 틈 없이 "내 턱 어때? 내 얼굴 못생겼어?" 하고 물으니, 친구들도 점차 그런 민주에게 질리기 시작했다. 친구들은 음울한 표정으로 고개를 숙이고 다니며 틈 날 때마다 거울을 들여다보는 민주를 따돌리기 시작했다. 민주는 친구들 사이에서 소외될수록 '이건 다 내 턱 때문이야.' 라는 생각을 굳혀갔다.

민주는 외톨이가 되면서 점차 공부에 흥미를 잃었고 성적이 떨어지기 시작했다. 중상위권이던 성적은 바닥을 쳤다. 민주는 못생긴 얼굴과 흉측한 턱 때문에 공부와 친구는 물론 삶의 모든 것을 잃었다고 믿었다.

그러던 중 지하철에서 성형외과 광고를 발견했다.

"페이스오프(face off)! 당신의 인생을 바꾸어 드립니다. 미녀로 대 변신! 인생 역전이 가능합니다. 각진 턱, 유전이라고 생각하세요? 유전의 굴레를 벗어나게 해드립니다."

성형외과 광고들은 '당신의 얼굴을 바꿀 수 있다, 그렇게 되면 불행한 당신의 삶도 마법처럼 바뀔 것이다.'라며 민주를 유혹했다. 민주는 부모에게 성형수술을 시켜달라고 졸랐지만 가정 형편이 넉넉하지 못한 부모로서는 어찌할 도리가 없었다. 게다가 멀쩡한 얼굴을 흉측하다고 말하며 턱을 깎아야겠다는 딸의 말을 그대로 들어줄 수는 없었다. 결국 민주는 자신의 요구를 들어주지 않는 부모에게 반항하며 등교를 거부했고 끝내 자퇴했다. 하지만 턱에 대한 불만으로 아무것도 할 수 없었고, 마음의 병이 점점 심해져 정신병원에 입원까지 하게 되었다.

민주는 삶을 무기력하게 만드는 우울증과 더불어 신체변형장애

(Body Dysmorphic Disorder)를 앓고 있었다. 신체변형장애는 외모의 가상적인 결함에 집착하는 정신장애의 일종이다. 환자가 생각하는 결함은 아예 없을 수도 있고, 만약 실제로 결함이 있다고 하더라도 환자의 과도한 집착과 관심에 비하면 사소한 편이다. 이 장애를 앓는 사람들은 이런 집착 때문에 일상생활에 큰 지장이 있다. 이들은 모든 관심을 외모의 결함에 쏟으며, 결함을 가리거나 없애기 위해 과도하게 노력하기 때문이다.

"이런 못생긴 얼굴! 인생의 걸림돌이에요. 이대로라면 저는 아무것도 못해요."

민주는 자신이 느끼는 무력감의 원인을 존재하지도 않는 외모의 결함에 모조리 귀인하고 있었다. 외모에 대한 집착이 더 나은 삶을 만들 것이라고 믿지만, 사실 민주의 삶을 가장 파괴하고 있는 것은 스스로 외모에 가하는 폭력적인 시선이었다. 자신을 있는 그대로 수용하지 못하는 것은 자신에게 가장 큰 상처이기 때문이다.

우리 안의 진정한 괴물

자신의 미래를 담보로 성형수술을 요구하는 딸 앞에서 부모는 결국 질 수밖에 없었다. 성형수술을 허락 해주어야 대학에 가겠다고 부모에게 으름장을 놓은 것이다. 부모는 턱수술만은 절대 안 된다고

버렸지만 딸의 집요한 요구 끝에 성형수술을 허락했다. 다만 집안 사정상 수천만 원의 성형수술 비용을 갑작스럽게 구하기 어려웠기에, 돈을 마련하느라 수개월간 이리저리 동분서주했다.

"제 인생이 꼬인 건 다 흉측한 이 턱 때문이거든요. 성형수술해서 다른 사람이 되면 제 인생도 바뀌겠죠, 선생님?"

성형수술을 앞둔 민주는 얼굴이 뒤바뀔 것이라며 눈을 반짝였다.

성형수술 이전의 민주는 정말 괴물이었을까? 민주의 두 눈은 진정한 괴물을 알아보지 못하고 있던 것은 아닐까? 괴물은 그녀의 얼굴이 아니고, 마음에 자리 잡고 있었을 텐데 말이다. 민주는 마음의 괴물이 외치는 협박으로 벼랑 끝에 몰리고 있었다. 하지만 그녀가 생각한 해결책은 뼈를 깎는 고통을 감내하는 것, 단지 그뿐이었다.

사실 우리 시대의 진정한 괴물은 타인의 외모에 냉정한 기준을 제시하며 평가하는 비판적인 시선이 아닐까? 1등만 기억하는 세상보다 예쁘고 잘생긴 사람만 기억하는 세상이 더 괴물 같지 않은가? 내 안에도, 당신 안에도 잔인한 괴물이 숨죽이며 도사리고 있지 않은가?

신체변형장애란 무엇인가?

국내에서 손꼽힐 만한 예쁜 외모의 연예인도 외모 콤플렉스가 있다고 한다. 그러니 외모 콤플렉스 하나쯤 없는 사람이 있을까? 외모에 대한 열등감은 누구나 있을 수 있지만, 이것이 현실적인 수준을 넘어서 심해지면 마음의 병이 될 수 있다.

신체변형장애는 자신의 외모에 심각한 결점, 즉 기형 수준의 결점이 있다고 믿으며 집착하는 마음의 병이다. 이들은 외모의 결함으로 인한 극심한 마음의 고통을 호소하지만, 실제로 환자가 호소하는 만큼 심각하게 외모에 결함이 있는 경우는 드물다. 환자가 호소하는 결함의 부위가 비록 아주 반듯하게 예쁘지는 않아도 정상 범위인 경우가 대부분이라서 다른 사람들이 보기에는 이해가 안 되는 경우가 많다. 즉 이들은 자신의 외모가 기형적이라는 생각에 집착해서 주변 사람들의 설득에도 자신의 믿음을 바꾸지 않는다. 이들이 집착하는 부분은 주로 튀어나온 광대뼈나 주걱턱, 치아, 비뚤어진 코, 얼굴의 점이나 여드름, 주름, 좁은 이마, 두꺼운 입술 등인 경우가 많다.

이들은 신체 기형 때문에 심한 열등감을 경험하고 심리적으로 위축된다. 자신이 못났다고 생각해서 대인관계에서도 자신감을 잃고 점차 고립되는 경향이 있다. 그렇기 때문에 우울증이나 불안장애를 동반하기도 하고, 결국에는 심한 부적응을 겪기도 한다.

외모에 대한 집착은 하루 종일 거울을 보면서 세심하게 관찰하는 행동과 결점을 감추려는 과도한 치장 등으로 나타나며, 성형외과나 피부과를 찾는 행동으로 이어진다. 이들은 외모 때문에 수십 차례 이상 성형수술을 받기도 한다. 하지만 성형수술로 마음의 병을 치유하는 경우는 드물다. 문제는 자신의 외모를 바라보는 왜곡된 시선이다. 얼굴을 고치고 또 고쳐도 잘못된 시선과 믿음이 변하지 않는다면 소용없기 때문이다.

신체변형장애의 원인과 치료

신체변형장애의 원인은 무엇일까? 여러 가지 원인 중에서 외모에 지나치게 가치를 부여하는 사회문화적 원인을 간과할 수 없다. 현대인은 외모에 대한 불만족을 부채질하는 성형광고가 넘치는 세상에 살고 있다. 텔레비전에 나오는 연예인들은 빼어난 외모로 부각되고, 외모가 아름다운 전문직 종사자들은 연예인 못지 않은 활동을 한다. 외모가 가장 중요하다는 메시지를 대중매체가 암묵적으로 전달하는 셈이다. 외모를 상품화하는 사회에서 사람들은 자신의 외모에 지나친 주의를 기울이고 관찰하며 비판적인 시선으로 검토하게 된다. 게다가 타인의 외모에 과도한 관심을 가지며 쉽게 지적하는 습관은, 듣는 이에게 알게 모르게 외모에 대한 열등감을 심어주게 된다. 누군가 생각 없이 한 말 때문에 신체변형장애가 촉발되는 경우도 있으니 주의해야 한다.

신체변형장애 환자는 심리적 원인에 대한 해석을 거부하고는 한다. 신체 결함이 원인이라고 믿기에 성형수술만이 유일한 치료법이라고 생각하는 것이다. 이들은 상담센터를 찾기보다는, 성형외과나 피부과를 찾는 경우가 훨씬 많다. 하지만 수차례 성형을 한 후에도 재수술을 원하기 때문에 성형중독이라는 악순환에 빠질 가능성이 높다. 불완전한 외모에서 원인을 찾을 것이 아니라, 심리적 원인을 전제하고 치료해야 한다. 실패나 좌절했던 경험, 뿌리 깊은 열등감을 외모에 귀인하며 외모만 바뀌면 인생이 달라질 것이라고 생각하지만 병의 근원은 마음에 있기 때문이다. 따라서 심리적인 상처를 돌보는 심리치료가 필요하며, 진단을 받을 수 있는 수준의 우울증이나 불안장애가 동반된다면 그에 대한 전문적인 개입도 필요하다. 또한 이들의 신체 기형에 대한 믿음이 망상 수준에 이르는 경우가 있다. 이 경우에는 약물치료가 도움이 된다.

사회적인 원인을 간과하지 말자

　물론 심리적인 원인 외에도 사회적인 원인을 간과하면 안 된다. 외모에 대한 불만족을 부추기는 사회는 사람들이 자신의 신체를 혐오스러운 것으로 생각하도록 만든다. 단 하나의 이상을 아름답다고 제시하는 대중매체의 압력 속에서, 작고 긴 눈, 각진 턱, 둥글둥글한 코, 둥실한 턱선, 토실한 허벅지와 종아리 등 저마다 예쁜 특성을 갖고 있는 개성 있는 사람들도 본인의 아름다움을 망각하게 되는 것이다. 성형산업은 저마다 아름다움을 품은 사람들에게 '부족함과 불만족'

을 이끌어내며 덩치를 키운다. 인간의 자연스러운 욕망을 자극하며 '너는 부족하다, 너는 이대로는 안 된다, 새로운 얼굴과 몸을 구입해서 더 나아져야 한다.'라는 메시지를 보내는 사회에서 사람들은 자신에게 없던 '결핍'을 만들어내고 있다.

"보톡스? 주름을 펴는 주사가 있다고? 주름이 더 생기는 거 아니야? 더 늙기 전에 한번 맞아볼까?"

"턱은 브이라인이 예쁜 거라고? 그럼 깎아야 되나?"

"나는 왜 이렇게 배가 나왔을까? 지방흡입으로 없애버릴까?"

우리 인간의 몸은 나태함, 도태, 실패가 얽혀 끊임없이 불만족과 자기부정의 굴레를 만들어낸다. 결국 매체가 제시하는 미의 기준은 '이룰 수 없는 이상한(abnormal) 이상(ideal)'이지만, 사람들은 자신의 제법 괜찮은 얼굴과 몸도 이상(ideal)과는 거리가 멀다고 느낀다. 그래서 자신의 신체를 확인하며 이상과 현실의 괴리를 확인하고, 자기를 받아들이지 못한다.

존재하지도 않던 부족함을 채우기 위해 성형을 하지만, 갈증이 그리 쉽게 해소될까? 목마르다고 바닷물을 먹는 것과 같다. 끝나지 않는 욕망을 자극하며 굴러가는 자본주의 사회에서 결핍감은 다시 만들어지고 이것은 결국 성형중독으로 이어진다. 행복해지려고 성형했는데, 성형중독이라는 뫼비우스의 띠 안에 갇혀버린다. 이것이 성형중독자의 심리다.

결과적으로 진정한 아름다움을 놓쳐버리는 굴레에 갇혀 추구하던 행복과는 거리가 멀어지는 것이다.

자기 모습을 부정하게끔 만드는 사회에서 어떻게 하면 불만족의 굴레에 빠지지 않고 행복하게 살아갈 수 있을까? 먼저 지금 느끼는 불만족과 불안이 어디에서 기인하는지 살펴보자. 무엇 때문에 불안한가? 당신이 충분히 아름답지 못하기 때문에 불안한 걸까?

지금 이대로 부족하다는 느낌은 정말로 당신의 작은 눈 때문인가? 좁은 이마 때문인가? 아니면 눈가 주름 때문인가? 정말로 당신의 몸매가 문제인 건가? 정말로 당신의 튼실한 종아리가 잘못한 건가? 아니면 우리가 느끼는 불안은 "지금 이대로는 부족하다, 조금만 더 고치면 더 행복해질 거다."라고 유혹하며 불만족과 자기부정을 부채질하는 성형산업의 메커니즘 때문인가? 결국 소비는 끝을 모르고 계속된다. 급기야 성형외과는 "얼굴까지 사세요."라고 광고하지만, 얼굴을 사고 또 산다 한들 우리는 행복해질 수 있을까?

화가 나는 상황에서도 언제나 참고 살아온 당신은 마음속에 쌓여온 분노의 희생양이 될지도 모릅니다. 내 마음을 알아주지 않는 배우자와 가족, 내게 상처주었던 부모, 가까운 이들과의 지난한 갈등 속에서 트라우마는 사라지지 않은 채, 앞날에 희망이 없고, 그 무엇도 즐겁지 않고, 막연하게 몸이 아프고 가슴이 답답하며, 이유도 모를 눈물이 흐를지도 모르겠습니다. 때론 세상을 버리고 싶다는 극단적인 생각 속에 빠질지도 모릅니다. 내 마음에 품은 분노와 우울을 잠재우는 방법은 무엇일까요?

PART 4

외면하려 해도
왜 나는
늘 두려운 걸까?

• 분노와 두려움에 대해 •

17

가족들이
음모를 꾸미고 있다

편집성 성격장애, 망상장애

"세상은 위협으로 가득 차 있다."

"내가 정신병자란 말이여? 나는 멀쩡한데 가족들이 나를 정신병원에 처넣었어!"

그는 "어떤 이유로 심리평가를 받게 되셨느냐."라는 내 질문에 격앙하며 자리에서 일어났다. 얼굴은 붉게 상기되었고 호흡이 가빠진 채 불끈 쥔 두 주먹은 파르르 떨렸다. 정말로 화가 많이 난 것 같았다.

"이번에야말로 내 정신이 멀쩡하다는 것을 증명해서 나를 입원시킨 의사 놈이랑 우리 가족들 다 소송 걸어버릴 거야."

그는 슬하에 장성한 두 딸을 둔 머리가 희끗한 노인이었다. 아직 70세를 넘지 않았지만, 이마와 미간에 굵게 패인 주름과 거친 피부,

세파에 찌든 어두운 표정 때문에 원래 나이보다 훨씬 더 들어 보였다. 그는 자신이 억울하게 가족들한테 정신병자 취급을 받았고, 강제로 입원하게 되어 그 사이에 소중한 재산인 건물을 빼앗겼다고 주장했다.

그는 억울함을 증명하고 재산을 되찾기 위해 심리상담센터와 병원을 전전하며 심리검사를 받았다. 하지만 '환자의 성격 문제라는 얼토당토않은 결과'를 받았기 때문에, 가장 믿을 수 있는 대학병원이라는 이곳에 왔다고 했다. 이번에는 확실히 자신에게 '아무런 문제가 없다.'라는 정확한 심리검사 결과를 받아갈 것이라고 몇 번이나 되뇌었다. 그는 억울함과 분노로 가득 차 세상에 대해 격노했다.

"나는 정상이란 말이여. 이번에 결과만 나오면 내 이것들을 가만히 두나봐라!"

격노하는 그에게 하얀 종이를 주고 집 그림을 그려보지 않겠느냐고 제안했다.

"집? 집을 그려봤어야 그리지! 어떻게 그리나? 나한테 왜 이런 걸 시켜? 내가 정상이라는 걸 알아보는 데 이게 왜 필요해?"

그는 큰 목소리로 화를 냈다. 계속 화를 내서 그림검사는 마저 하지 못했지만, 노인을 달래가며 지능검사와 로르샤흐검사, 주제통각검사를 실시했다.

"자, 이야기가 완성되도록 순서대로 맞춰보시겠어요?"

"답이 뭐여? 답이 뭐냐니까! 아, 정말 여자들은 이래서 상대하기가

까다롭다니까."

"자, 이 그림이 무엇처럼 보이는지 말씀해주세요."

"아니, 왜 아까부터 자꾸 똑같은 그림만 주나? 아까 본 그림이랑 똑같잖아! 이 사람 이상하네. 계속 똑같은 그림을 보여주면서 뭐냐고 물으니, 원."

그는 심리검사를 하는 내내 투덜거리며 평가자를 비난했고, 과제가 주어지는 상황에 대해 불편한 심기를 보였다. 하지만 평가자에게 '아무런 문제가 없다.'라는 심리검사 보고서를 받아내야 했으므로 최대한 잘 보이려고 애쓰는 것도 보였다.

"그 선생, 참 인상도 서글서글하니, 허허허."

억울한 삶, 피해자의 인생을 말하다

그는 이어지는 면담에서 자신의 억울한 사정을 털어놓았다. 아무런 문제도 없고 능력도 있는 가장인 자신을 가족들이 존중하지 않는다고 했다. 그의 건물을 빼앗기 위해 아내는 자녀들과 공모해 자신을 정신병자로 몰아세웠고, 의사를 매수해 강제로 입원시켰다고 했다. 그는 한 달 이상 입원해 있으면서 아무런 손도 못써보고 건물을 빼앗겼다고 한다. 그가 말하는 세계에서 그는 피해자였고, 세상은 아무도 믿을 수 없고 위협으로 가득 찬 정글이었다.

하지만 그는 둘째 딸에게서 사뭇 다른 이야기를 들을 수 있었다. 차분한 인상의 여자는 다소곳한 자세로 앉아 말을 이었지만, 목소리의 떨림에서 애써 슬픔을 억누르는 모습을 볼 수 있었다.

"아버지가 심리검사를 받겠다고 오셨는데, 알고 계셨나요?"

"네, 제가 권해드렸어요. 그렇게 못 믿으시겠다면 다시 심리검사를 받아서 확인해보시라고. 아버지에게 여기서도 결과가 마음에 들지 않으면, 다른 병원에 더 가보시라고 말씀드렸어요."

"아버지는 가족들이 음모를 꾸미고 있다고 확신하고 계세요."

"네, 아버지가 신용불량자라서 저희가 건물을 처분한 건 사실이에요. 하지만 아버지가 30대 이후로 일을 하지 않으셔서 저희 집에 빚이 많았어요. 어머니 혼자 일을 한다고는 했지만 역부족이었죠. 빚을 못 갚으니 그 작은 건물 한 채가 경매로 넘어가버린 거죠. 작은 건물이라 팔아도 얼마 되지 않았고, 그 돈으로 빚을 갚다 보니 역부족이었죠. 남지도 않았어요. 우리로선 어쩔 수 없는 결정이었는데도 믿지를 않으세요. 아무리 증거를 보여줘도 듣지를 않으세요."

가족들은 횡포를 일삼는 아버지를 피해 결혼한 첫째 딸의 집에 피신해 있었다. 자신이 피해자라고 주장하는 남자는 평생 직업도 없이 한탕만 노리며 살아왔고, 가정에서는 함부로 폭력을 휘두르는 남편이자 가혹한 아버지였다. 그는 아무런 근거도 없이 아내가 부정하다 의심하며 때린다고 했다. 딸은 한숨을 쉬며 눈물을 흘렸다.

"너무 힘들었어요. 아버지가 어머니 때리는 것도. 왜 우리를 안 믿으시는 건지. 아무도 믿지 않고 그 누구와도 친하게 지내지 않으세요. 아버지에겐 세상 모두가 적인가 봐요."

"정말 힘들었겠네요."

"어머니가 불쌍하죠. 어머니는 아무런 잘못도 안 했는데, 아버지는 어머니가 바람피운다고 의심했어요. 하지만 어머니는 아버지가 아픈 거라고 생각해요. 그래서 치료받으면 괜찮아질 거라면서 이혼도 안 하고 이렇게 살고 계세요."

"제가 아버지가 원하는 보고서를 써드리지는 못할 것 같아요. 아버지의 믿음이 망상 수준인 것으로 보입니다."

"선생님, 정말 죄송해요. 아버지는 저번에 입원하셨던 병원에 대해 국가인권위원회에 진정서를 내고, 경찰서에 여러 번 신고도 해서 문제가 커졌었어요. 병원 측과 의사에게는 잘못이 없다는 결과를 받아도 여전히 반복하세요. 선생님이 이 고리를 끊어주세요. 아버지가 문제를 깨달을 수 있도록 도와주세요. 부탁드립니다. 아버지가 본인 문제라는 것만 깨달을 수 있다면…."

그녀는 고개를 숙였다. 그녀의 아버지는 가족들이 음모를 꾸미고 있다고 믿었다. 가족뿐만 아니라 의사나 심리학자 등 그 누구도 믿지 못하는 사람이었기에 피해자인 자신만 완벽하게 당했다는 생각은 변하지 않았던 것이다.

편집성 성격, 위협으로 가득 찬 세상을 살다

투사적 심리검사인 로르샤흐검사(Rorschach Inkblot Test)를 한 결과 그의 인지적 경직성(rigidity)은 상당한 수준이었다. 자신이 한 번 꽂힌 생각에 완전히 몰두하며 새로운 정보를 받아들이지 않고 고수하는 경향이 강하게 보였다. 그의 내적 세계는 변화하는 외부의 객관적인 실재를 받아들이지 못하고 있었다. 게다가 그가 강하게 집착하고 있는 주관적인 신념은, 반증할 수 있는 객관적인 증거가 반복해서 제시됨에도 불구하고 변함없이 유지되고 있었다. 다른 사람들과 공유할 수 없는 주관적 신념, 즉 그의 삶을 파괴하고 있는 이 믿음은 망상 수준에 이른 것으로 보였다.

그는 망상에 집착하며 가족과 주변 사람들을 괴롭혔다. 망상 외에도 그는 타인에 대한 불신이 삶 속에 만연했기 때문에 주변 사람들을 경계하고 사소한 일에도 사람들이 자신을 무시한다며 논쟁하고 싸우기 일쑤였다. 아무도 믿을 수 없어서 자신의 속내를 털어놓을 줄도 몰랐고 그 누구와도 친하게 지내지 못했다. 아무 이유 없이 늘 아내가 부정하다고 의심했고, 마음속에 한 번 원한을 품으면 용서할 줄 몰랐다. 세상은 위협으로 가득 찬 곳이었기에 그는 자신만을 믿고 투쟁하며 살아왔다.

그가 앓고 있는 마음의 병은 의심 많은 성격이 병적인 수준에 이른 편집성 성격장애(paranoid personality disorder)와 망상장애였다. 명백히

치료가 필요한 상태였지만, 자기보고식 검사 결과에서 우울감이나 불안감은 나타나지 않았다. 면담할 때도 우울하거나 불안은 전혀 없다고 이야기했다. 하지만 방어를 뚫고 내면의 무의식적인 상태를 드러내는 로르샤흐검사상으로는 그가 스스로 의식하지 못하는 내면의 우울감과 낮은 자존감이 드러났다. 남성성에 대한 강한 추구, 명예와 권력에 대한 집착이 나타났지만 현실적인 성취는 아무것도 뒷받침되지 못했다. 그는 자신이 사람들을 통솔하고 권력을 잡아야 한다고 믿었기 때문에 가족에 의한 강제 입원은 도저히 받아들일 수 없는 현실로 보였다. 그는 받아들일 수 없는 상황을 이해하기 위해 자신을 피해자로 만들며 타인의 악의 때문에 재산을 빼앗겼다는 망상을 만들어냈다. 즉 무너져가는 자존감을 지키기 위한 처절한 방어였던 것이다.

그는 자신을 내성(introspection)하지 않았다. 그렇기에 우울하지 않다고 느꼈다. 그는 자신의 마음속 깊이 내재한 만연한 우울을 방어하기 위해 타인을 탓하고 미워했다. 다른 사람들만 자신을 괴롭힐 뿐, 자신에게는 아무런 문제가 없다고 믿었다. 늘 화를 내고 소리치며 자신의 건재함을 과시했지만, 사실은 누구보다도 약한 자아가 그의 안에 숨어 있었다. 하지만 그는 스스로에 대한 통찰이 없었다. 그의 상태를 치료자가 알려주려고 노력해도 그는 치료자를 비난할 뿐 자신에 대한 의문을 품지 않을 것이다.

그가 어떤 반응을 보일지 걱정스러운 마음도 들었지만, 심리검사

보고서에 결과 그대로 서술했다. 그리고 며칠 후 그가 심리검사 결과를 확인하기 위해 찾아왔다. 대학병원의 대기실에는 한 남자의 거친 목소리가 쩌렁쩌렁 울렸다.

"그때 검사했던 그 선생, 당장 나오라니까! 내가 어디가 이상하다는 거야?"

이성을 잃고 소리치는 그를 보니, 슬픔에 젖어 과거를 회상하던 둘째 딸의 얼굴이 떠올라 안타까운 마음이 밀려왔다. 그가 이틀간 내게 보여준 모습은 수십 년간 보아왔을 가족들의 고통이 느껴졌기 때문이다. 한 가정의 아버지이자 남편인 그를 나쁜 사람으로 만들어 미워하기보다는 마음이 아픈 사람으로 여기고 돕고자 했던 식구들의 애정이 느껴져 마음이 아려왔다.

편집성 성격, 끊임없는 의심의 굴레

성격장애는 성격특성 자체에 문제가 있어 부적응적인 삶이 지속되는 경우 진단된다. 성격은 어린 시절부터 서서히 발전해 성인기 초기에 굳어지는데, 이러한 성격이 지나치게 융통성이 없고 개인 생활과 사회 생활 전반에 넓게 퍼져 있으며, 심각한 고통이나 기능의 장애를 초래할 때 성격장애라고 이름을 붙인다. 성격장애에는 여러 가지가 있지만 '편집성 성격장애'는 타인의 동기를 악의 때문이라고 해석하는 등 광범위한 불신과 의심이 지나치게 강하고 여러 상황에서 나타나는 경우를 말한다. 즉 편집성 성격을 가진 사람들은 타인을 의심하며 늘 경계하며 살아간다.

이들은 충분한 근거가 없는데도 타인이 자신에게 해를 끼칠 수 있다고 의심하며, 동료들의 성실성이나 신용을 부당하게 의심하고 집착한다. 정보가 자신에게 악의적으로 사용될 것이라는 두려움이 있기 때문에 터놓고 이야기하기를 꺼려하며, 사소한 말이나 사건 속에서 자신의 품위를 손상시키려 하거나 위협하는 숨겨진 의도를 해석한다. 원한을 한 번 품으면 오랫동안 풀지 않으며, 자신을 향한 공격이라고 믿고 즉시 화를 내거나 반격하기도 한다. 근거도 없이 배우자나 연인의 정절을 자꾸만 의심한다. 이들은 세상을 불신하며 투쟁하는 삶을 살지만, 본인의 문제를 들여다보려는 통찰은 없다.

이들은 늘 남을 탓하고 고집스러우며, 아주 사소한 것까지 예민하게 군다. 게다가 방어적이며 논쟁적이고 경직되어 있다. 이런 성격 때문에 타인과 가까워지기가 쉽지 않다. 직장에서든 가정에서든 대인관계가 문제일 수밖에 없다. 이런 관계의 문제는 '세상은 믿을 수 없는 곳이다.'라는 잘못된 신념을 강화한다. 자신은 잘못한 것이 없기 때문에 늘 누군가는 비난의 대상이 된다. 편집성 성격을 가진 많은 사람들이 소송을 걸겠다고 위협하며, 실제로도 그렇게 한다.

그렇다면 편집성 성격은 어떻게 형성되는 것일까? 이들의 어린 시절로 거슬러 올라가보면, 일관성이 없고 따스한 양육을 받지 못한 경우가 많다. 부모로부터 가학적인 양육을 받았거나, 적대적인 타인상을 형성하며 타인에 대한 가학적인 태도를 내면화하게 되는 것이다. 이들은 '사람들은 악의적이고 믿을 수가 없다.' '사람들은 기회만 있으면 나를 공격할 것이다.' '항상 긴장하고 경계해야만 피해를 당하지 않을 것이다.' 같은 기본적 신념을 지니게 된다. 이런 신념 때문에 이들은 타인의 행동 속에서 비난이나 적의 같은 부정적인 측면만을 예상하고 선택적인 주의를 기울인다. '타인을 믿을 수 없다.'라는 견해를 지지하는 단서들만 쉽게 찾아내기에 불신은 더욱 강화된다. 이들은 이런 과정을 지속하며 편집적인 삶을 지속하는 것이다.

이들은 자신만을 믿는 듯 보이지만, 실제로는 자존감이 유리처럼 깨지기 쉽고 약하다. 스스로 의식하지는 못하지만 무의식적으로는 약하다고 느끼기 때문에, 타인을 불신하고 경계하게 되는 것이다. 지나치게 강해보이는 모습 뒤에는 누구보다도 약한 자아가 숨어 있다.

그렇다면 성격장애에 대한 치료는 어떤 과정을 거칠까? 대부분의 성격장애는 오랜 기간에 걸쳐 굳어진 성격이 문제이므로 치료가 쉽지 않다. 게다가 편집성 성격을 가진 이들이 성격 문제를 고치고 싶다며 상담기관을 찾는 경우는 아주 드물다. 자신에게 문제가 있다는 생각이 없고 늘 다른 사람에게 문제의 원인이 있다고 여기기 때문이다. 가족은 이들을 상담기관에 데리고 오는 데 애를 먹는다. 따라서 심리치료를 권하기 위해선 "당신의 성격이 문제이다."라고 강하게 이야기하기보다는 부드럽게 설득해야 한다. 또한 만성적으로 사람들을 의심해왔기 때문에 갈등이 지속되므로 부부관계 문제나 우울증, 불안장애가 동반되는 경우가 많다. 따라서 전문가에게 대인관계 문제를 조언받을 수 있고, 힘든 마음을 위로받을 수 있다며 온유한 태도로 권유해보는 게 좋다.

편집성 성격장애인 사람이 치료자를 만나게 되더라도 그는 치료자 역시 의심할 가능성이 높다. 그러므로 치료자는 뛰어난 공감능력과 인내심을 갖춘 사람이어야 한다. 편집성 성격장애인 사람과 치료적 관계를 맺기가 매우 어렵기 때문이다. 이들은 치료자가 믿을 수 있는 사람인지 수차례의 검증 과정을 거치는데, 내담자가 제시하는 이 시험을 통과해 견고한 관계를 맺는 것 자체가 치료의 최우선 과제다. 타인과 안정된 신뢰 관계를 맺지 못하는 데 문제가 있기 때문에 상담자와 건강한 관계를 맺는 경험 자체가 치료일 수 있다는 것이다. 관계 형성을 위해서는 내담자에게 문제를 곧바로 직면하게 하거나 방어적으로 반응하기보다는, 내담자의 감정을 잘 수용해주는 것이 중요하다. 치료자를 화나게 하거나 도발하더라도, 여태까지 내담자가 만났던 다른 사람들이 그러했듯 함께 화를 내거나 감정적으로 반응하면 안 된다.

일단 편집성 성격장애인 사람과 견고한 신뢰관계를 형성한 이후에는 그가 현재 직면하고 있는 문제를 객관적으로 바라볼 수 있도록 시도하자. 궁극적인 목표는 내담자가 겪고 있는 갈등의 근원이 본인에게 있다는 것을 깨닫게 하고 변화를 위해 노력하게끔 하는 것이다.

18
오늘도 저는
부모님이 너무 밉습니다

부모에 대한 분노

"나를 괴롭힌 자에 대한 복수만이 살 길이다."

한때는 죽고 싶을 만큼 우울했다가 또 어떤 때는 세상 모든 것을 얻은 것처럼 행복하다는 수민은 조울증을 앓고 있었다. 수민은 상담을 통해 극심한 감정 기복뿐 아니라 아버지에 대한 분노를 해결하고 싶다고 했다. 수민은 심장을 뚫을 것 같은 강렬한 분노가 버거웠지만, 아버지에 대한 증오는 어떻게 해도 사라지지 않았다.

수민의 아버지는 알코올중독자였다. 정신의학적 용어로 알코올의존을 진단받아, 평생 술에 찌들어 살아온 사람이었다. 수민의 아버지는 술을 먹고 들어와 어머니를 때렸고 이해할 수 없는 이유를 대며 자녀들을 괴롭혔다. 아버지는 자신을 받아주지 않는 세상을 증오하며 술을 마셨고 그 설움을 가족에게 풀었다. 아버지는 변변찮은 직장한 번 가져본 적이 없었다. 어머니는 남의 집 일을 봐주며 생계를 꾸렸고, 그녀와 여동생은 실업계 고등학교를 졸업한 후 곧바로 취직했다. 가난에 절어 두려움에 떨며 살던 수민은 세상이 원망스럽고 아버지가 미웠다.

수민이 기억하는 어린 시절은 술 마시고 들어와서 가족들을 괴롭히는 아버지에게 억압당했던 것밖에 없었다. 폭력을 쓰는 아버지가 무서워서, 아무런 말도 못하고 눈물만 흘렸다. 수민의 유년기를 가장 잘 설명하는 단어는 '무력감'이었다.

"어릴 때로 다시 돌아가서 아버지에게 우리를 제발 괴롭히지 말라고 이야기해주고 싶어요. 정말이지 한 번만 그렇게 꼭 이야기해보고 싶어요."

사라지지 않는 분노를 발산할 수 있도록 연극적인 방법을 통해 개인의 문제를 행동으로 표현하는 사이코드라마(psychodrama) 기법을 사용하기로 했다. 나는 아버지 역할을 맡았고 수민은 다시 돌아가고 싶다던 14세 소녀가 되었다. 치료자인 내겐 그녀의 아버지가 가졌던 뻔뻔하고 폭력적이면서도 무기력한 남성의 모습이 덧입혀졌다.

"야, 너희들 나와! 아버지가 들어왔는데 나와 보지도 않아?"

"아버지, 또 술 마시고 들어왔어요? 대체 왜 이러시는 거예요?"

"아니, 내가 가장인데 그것도 마음대로 못해?"

"아버지가 정말 미워요. 나랑 동생이랑 어머니가 이렇게 열심히 사는데 부끄럽지도 않으세요? 제발 이제는 정신 좀 차리세요. 술 좀 그만 마시고 떳떳하게 가장 노릇 좀 해보시라고요."

"아니, 어린 녀석이 버릇없게!"

"아버지, 스스로를 돌아보세요. 부끄럽지도 않으세요? 아버지가 정말 싫어, 지긋지긋해! 나도 정상적인 집에서 살아보고 싶어요. 엄마한테 미안하지도 않으세요?"

"…."

"아버지, 대체 왜 그러시는 거예요? 왜 자꾸 술만 마시고 우리를 못살게 구는지 이유를 좀 말씀해보세요. 대체 이유가 뭐냐고요!"

그녀는 분노로 온몸을 떨며 흐느꼈다. 증오와 슬픔, 안타까움이 뒤섞인 어두운 감정이었다. 각자의 역할에서 빠져나와 그녀가 진정된 후 나는 물었다.

"아버지가 왜 그러셨을까요?"

그녀는 대답하기를 망설였다.

"글쎄요. 왜 그러시는지 저도 잘 모르겠어요. 도무지 이해를 못하겠어요."

아버지를 도무지 이해할 수 없다는 수민과 함께 그의 삶을 탐색해보기 시작했다. 수민의 아버지는 어릴 때 아버지를 사고로 잃었다. 아버지 없이 자라면서 가난을 벗어날 수 없었고, 가장 노릇을 해야 할 큰형은 늘 술을 마시고 들어와 가족들을 못살게 굴었다고 했다. 수민의 아버지 역시 알코올중독의 피해자로 어린 시절을 보낸 것이다.

"수민 씨와 아버지가 공유하는 경험이 있네요. 어릴 때 경험한 상처가 비슷한 것 같아요. 수민 씨가 아버지의 어린 시절 역할을 해보고, 제가 큰형 역할을 해보면 어떨까요?"

"제가 아버지 역할을 한다고요?"

수민은 잠시 망설였지만, 이내 자신과 비슷한 경험을 한 아버지의 역할에 완전히 몰입했다. 역할극이 끝난 후 온전히 자신의 아버지가 되었다가 다시 자신으로 돌아온 수민에게 물었다.

"어떤 것 같아요. 아버지의 마음은 무엇일까요?"

"아버지를 이해할 수 없다고 생각했어요. 하지만 지금은 조금 아버지가 불쌍하기도 해요."

"네, 저도 수민 씨가 연기하는 아버지를 보면서 안타깝다는 생각이 들었어요. 수민 씨 아버지가 안쓰럽고 불쌍하고 마음이 아팠어요. 수민 씨 아버지도 사랑받고 싶었을 테고 술에 찌든 형이 무서웠을 텐데 말이죠."

수민의 눈가에 눈물이 맺혔다.

"이제 수민 씨가 술에 취한 아버지 역할을 해보고 제가 수민 씨 역할을 해보죠. 아까 그 장면을 역할만 바꾸어서 해보는 겁니다."

"아, 저 잘 못할 것 같은데…."

연기가 어렵다고 하면서도 수민은 아버지 역할을 잘 해냈다. 치료자는 이번에는 어린 딸이 되어 아버지를 몰아세웠다.

"아버지, 대체 왜 그러시는 거에요. 왜 그러시는 거냐고요?"

"나도 힘들었어, 나도. 아버지가 그렇게 돌아가시고 큰형에게 맞고만 사는 삶이 힘들었어. 뭐 하나 제대로 되는 것도 없고 실패자로 사는 이 세상이 너무 힘들었어. 너희들에게 무시당한다는 느낌도 힘들었어. 술을 마시면 아픈 기억이 떠오르지 않으니까…. 술만 마시면 이 미칠 것 같은 고통이 잊혀지니까…."

수민은 이번에는 아버지가 되어 눈물을 흘렸다. 한 맺힌 아버지의 삶이 그녀의 심장을 파고들었다. 나는 그녀가 가슴에 쌓아둔 화를 좀더 풀어낼 수 있도록 아버지에게 편지를 써보지 않겠느냐고 제안했다. "감사하다, 미안했다."라는 말보다는 "서운했다."라는 말을 쓰면서 진심을 담아보자고 이야기했다. 그동안 표현하지 못했던 화를 글에 담아보자고 설득했지만 수민은 단호하게 고개를 저었다. 아버지를 이해하며 용서하고자 하는 자아에서 다시금 아버지를 죽이고 싶도록 미워하는 자아로 급격히 전환되었다.

눈빛이 바뀐 수민은 단호한 표정으로 말했다.

"아니요, 저는 아버지를 절대로 용서 못해요. 다시 한 번 더 그러면 죽여버릴 거예요. 아버지를 죽이고 나도 죽어버릴 거예요!"

"그 마음이 충분히 느껴지네요. 아버지가 얼마나 미우셨겠어요."

"정말 미워요."

"하지만 그렇게 하면 어떤 결과가 생길까요?"

"저랑 아버지 둘 다 죽겠죠. 아니면 저만 감옥에 갈 수도 있겠죠."

"그게 수민 씨가 바라는 결과인가요?"

"그런 것까지 생각하지는 않아요. 복수만 할 수 있다면요."

치료자의 입장에서 수민을 설득하거나 가르치려고 하는 태도는 소용이 없을 거란 생각이 들었다. 지금 정말 중요한 것은 수민의 건강한 자아를 일깨우고 수민이 스스로 자신을 지킬 수 있도록 도와주는 것이었다.

"수민 씨가 잘되도록 늘 도와주는 수호천사가 있다고 생각해보세요. 나쁜 일이 일어나지 않도록 지켜주고, 문제를 지혜롭게 해결할 수 있도록 조언해주는 수호천사."

"네, 그런 수호천사가 있으면 좋겠네요."

"이제 수민 씨가 그 수호천사 역할을 해볼 겁니다. 제가 수민 씨 역할을 하겠습니다. 수민 씨가 했던 이야기를 그대로 할 거예요."

"제가 수호천사 역할을요? 네, 해볼게요."

수민은 놀라울 정도로 역할을 잘해냈다. 아버지에 대한 분노 때문에 삶을 포기하려던 모습은 사라지고, 삶을 든든하게 지키고 있던 건강한 자아가 얼굴을 내밀었다. 치료자인 나는 수민이 되어 그녀가 뿜어냈던 강렬한 분노를 담았다. 수민이 나에게 했던 이야기와 지었던 표정을 그대로 연기하며 보여주었다.

"아버지를 죽여버릴 거야! 그 자식한테 복수할 거야! 난 절대 용서 못해!"

"수민아, 지금까지 살아온 삶을 생각해봐. 그렇게 어려웠어도 나중에 꼭 성공하겠다고 이를 악물었잖아. 그런데 아버지 때문에 포기하겠다고?"

"내 삶은 포기해버릴 거야. 내 삶이야 어찌되든 복수만 할 수 있다면 괜찮아."

"네 꿈이 뭐야? 아버지처럼 살지 않고, 좋은 사람 만나 결혼해서 아이 둘 낳고 사는 게 네 꿈이었잖아. 그래서 지금까지 이렇게 열심히 살아왔잖아."

"응, 그건 그래. 정말 열심히 살아왔어."

"그래, 그걸 알면서 고작 아버지에게 복수하려고 소중한 꿈을 포기하겠다는 거야? 그건 아니야. 너한테는 힘이 있잖아. 앞으로도 잘 살겠다고 다짐했었잖아. 너는 현명한 사람이잖아."

수민은 내가 반영해서 보여준 자신의 자아를 설득했다. 치료자의 어떤 말보다도 설득력 있고 강렬한 울림이었다. 수민은 자기를 지켜줄 수호천사는 바로 자신이라는 사실을 알고 있었다. 수민은 눈가에 눈물이 맺힌 채 치료자의 손을 잡았다.

"선생님, 제 안에 힘이 있다는 걸 알게 해주셔서 감사합니다."

"수민 씨가 원래 가지고 있던 힘인 걸요."

나 역시 수민이 내면의 건강한 힘을 깨달은 데 감동해서 감정이 북받쳤다. 수민과 나는 아주 짧은 순간 만났을 뿐이었지만, 그녀가 가는 길에 작은 발자국을 남겼음에, 그리고 서로 마음이 동했음에 감동했다. 이것이 치료자의 보람이다.

부모에 대한 분노, 어떻게 해결할까?

많은 사람들이 성장과정에서 자신에게 상처를 준 부모와의 관계를 어떻게 풀어가야 할지 고민하며 상담실 문을 두드린다. 어린 시절부터 차곡차곡 쌓인 분노는 씻을 수 없는 트라우마가 되어 평생을 괴롭히며, 때로는 현실을 정확하게 보지 못하도록 방해하기도 한다. 부모에게서 독립하지 못한 청년들은 물론이고, 결혼 후 자기만의 둥지를 가진 성인이 되어서도 부모가 준 상처를 잊지 못해 평생 고통받고는 한다.

많은 내담자들이 상담실을 찾아와서 믿을 수 없을 정도로 힘들었던 시절을 털어놓는다. 치료자로서 그 상처를 보듬다 보면 '부모가 어찌 그럴 수 있었을까?' 하고 놀라기도 한다. 부모가 어린 자녀를 두고 가출하거나 폭력을 일삼고, 알코올중독에 빠져 가정을 돌보지 않는 경우가 비일비재하다. 심지어 바람을 피워 가정을 풍비박산내거나 공공연하게 외도 상대를 집안에 들여 어린아이의 눈에 띄는 경우도 있다. 우울증에 빠져 자녀 앞에서 자해를 하기도 하고, 죽이겠다고 위협하는가 하면, 아내와 자녀를 버려놓고 십수 년 후에 나타나 자신의 생계를 책임지라고 하는 아버지도 있으니, 어쩔 때는 누가 부모고 누가 자녀인지 헷갈리기까지 한다.

이렇듯 자신을 돌봐주기보다 상처만 준 부모를 둔 사람들은 고통스러운 유년기의 기억에 힘들어 한다. 오랜 세월이 지나도 해결되지 않는 트라우마는 마음속에 자리잡은 채 두고두고 자신을 괴롭힌다.

뒤엉킨 실타래처럼 풀기 힘든 부모와의 관계는 어디서부터 어떻게 해결해야 하는 걸까?

첫 번째 단계는 자신과 부모의 가족 환경을 이해하는 것이다. 가족 관계를 나의 부모의 부모, 그리고 그 부모까지 거슬러가서 할 수 있는 한 이해하고자 하는 과정은 자신에게까지 이어진 상처의 근원을 이해하기 위한 치유 과정이다. 이를 위해 가족치료에서는 내담자와 함께 구체적이고 상세한 가계도를 그린다. 가계도를 그리는 것은 단순히 그림을 그리고 가족관계를 파악하는 것을 넘어서서, 가족이 가진 아픈 역사를 이해하기 위한 밑작업이 된다. 사람들은 가계도를 그리며 나를 괴롭힌 부모의 입장이 되어보기도 하고, 내 부모를 괴롭힌 조부모가 되어보기도 한다. 그러면서 가족이 가진 상처가 어떻게 대물림되어 왔는지 이해하고, 가해자로 보이는 내 부모 또한 희생자였을 수 있음을 깨닫게 된다. 즉 부모 또한 나와 마찬가지로 아픈 상처를 가진 한 사람이었음을 깊이 이해하는 것이다.

전문상담자의 도움을 받을 수 없다면 배우자나 가족이 깊은 신뢰가 형성된 사람과 함께 가계도 그리기를 해보도록 권유해보고 싶다. 가족의 역사를 이해하며 상처받을 수밖에 없었던 과정을 이해할 수 있고, 자녀에게 비극을 대물림하는 것을 멈출 수 있을 것이다.

인지적 이해과정에 더해 필요한 것은 부정적인 감정을 적절히 경험하고 해소하는 과정이다. 심리적 상처를 해소하려면 안전한 환경에서 억눌린 분노를 해소하고 감정을 수용받는 경험이 필요하기 때문이다. 사람들은 누군가에게 심리적 상처와 관련된 기억을 털어놓고 이해받는다는 사실만으로도 치유되는 경험을 한다.

이를 위해서는 심리적으로 민감하고 따스하며 수용적이고 신뢰할수 있는 사람이 필요하다. 아무래도 주변에서 이런 사람을 쉽게 찾을수 없기 때문에 심리학자와 같은 전문상담자가 필요한 것이다. 상담자는 내담자가 감정을 공감하고 수용하며 처리하도록 도와주는 동시에 과거의 영향에서 벗어나도록 돕는다. 마음에 쌓인 분노와 상처가 현실을 왜곡할 수 있으므로 과거의 경험이 현재에 미치는 영향을 탐색하며 과거에서 자유로워지는 작업을 진행하는 것이다. 예를 들어 남이 보기에는 아무렇지 않은 일에도 화를 버럭 내는 등 지나치게 예민하다면 과거의 영향에서 자유롭지 못할 가능성이 높다. 이처럼 전문상담자는 현실을 왜곡하는 부분을 함께 찾아내고, 어디까지가 현실이고 어디까지가 과거의 영향에서 오는 것인지 구별해 상처로부터 온전히 벗어나는 작업을 한다.

완벽한 부모는 없다

완벽한 부모란 없다는 사실을 받아들이는 것이 중요하다.

"완벽한 부모는 바라지도 않는다. 그런데 왜 평범한 부모도 되어주지 못했을까?"

물론 서운하고 억울한 마음이 들 수 있다. 하지만 과거를 바꿀 수는 없다. 과거를 원망해도 현실은 달라지지 않는다. 과거의 트라우마에서 벗어나기 위해서는 결국은 아픈 과거도, 한심한 부모도 받아들여야 한다.

차근차근 치유의 과정을 밟아간다면, 비록 부모가 많이 부족하고 못난 사람들이었다 할지라도, 나 또한 부모가 되었을 때 부끄러운 모습을 보일 수 있음을 인정하게 될 것이다. 물론 내게 상처를 준 누군가를 용서한다는 것은 쉽지 않은 일이다. 그리고 진심이 아닌 용서는 오히려 해로울 수 있다. 하지만 철저하게 부모의 입장이 되어 생각하고 느껴보는 것은 상처받은 마음을 달랠 수 있는 한 가지 방법이다. 내 부모 또한 불완전한 인간이었고, 그들 또한 상처받고 힘든 마음으로 고통받고 있었음을 깨달으며 연민할 때 과거의 트라우마에서 벗어날 수 있다. 누군가에 대한 미움은 결국 자신에게 가장 해롭기 때문이다.

19

참고 참으며
살다가 생기는 울화병

억압의 기제, 화병

"나는 아무것도 할 수 없는 무력한 존재다."

"선생님, 여기 머리가 자꾸 아프고 가슴이 답답해요."

　노년의 여인이 숨쉬기가 답답한 듯이 자신의 가슴을 세차게 두드
렸다. 정말 아프다는 듯 얼굴을 찌푸린 채 가슴 통증을 호소하는 그
녀는 머리가 하얗게 세고 주름이 자글자글한 70대 할머니였다. 포장
마차를 운영하며 딸 셋을 키워낸 어머니, 남편과 사별한 아내. 지금은
상처받은 마음을 치유하기 위해 입원한 환자…. 그녀를 설명할 수 있
는 단어는 많았지만 그 삶을 가장 잘 설명해줄 수 있는 하나의 단어
는 '한(恨)' 이었다. 그녀는 집단 심리치료 시간에 자신의 과거를 털어
놓으며 말했다.

"너무 한이 되어서… 여기 가슴이… 아파요."

그녀는 이야기를 듣기 위해 귀를 쫑긋 세운 환우들에게 한스러운 인생사를 솔직히 들려주었다.

"남편이 새색시를 봤어요. 따로 여자를 만나다가 그 여자랑 결혼을 해야겠다고 그러더라고요. 내가 못나고 아들을 못 낳는다는 게 이유였지요."

"저런…."

"쯧쯧, 어쩌다 그러셨대."

이야기를 듣던 아주머니 환자들은 술렁였다. 놀라기도 하고 같이 화를 내기도 하며 할머니의 아픈 심정에 공감해 눈가가 젖어드는 사람도 있었다.

"그 여자를 데리고 왔는데 18살이었어요. 곱더라고요. 그때부터 나는 없는 사람 취급을 받았어요. 어리고 예쁘다고 남편이 그 애만 좋아하더라고요."

"에고고…."

"에휴, 속이 타들어갔겠어요."

"생활비도 안 줘서 그때부터 애들 키우면서 포장마차를 했지요. 허리가 휘도록 일을 했어요."

"…."

"시어머니에게 말도 못하게 심한 구박을 받았지요. '네가 못나서 서방이 밖으로 나돌고 저러는 거다, 이게 다 네 탓이다.' 마치 죄인처럼 살았어요."

"그럴수가…"

"그리고 남편이 병들고 나서부터는 그 병 수발을 다 들었어요. 5년 전에 돌아가셨는데…."

"두 번째 부인은요?"

"지금 나랑 같이 살고 있어요. 나한테 '형님, 형님' 하면서 따라요. 이제는 남편도 없으니 우리가 그냥 서로 의지하면서 사는 거지요. 뭐…."

결혼생활을 하면서도 당당하게 다른 여자를 사랑하다 일부다처제를 현실 속에서 실현한 남편, 아들을 못 낳는다고 구박하는 시어머니, 경제적으로 무책임한 남편으로 인해 혼자 아이들을 키워야 했던 고된 삶, 노년에 남편의 병수발을 들다가 결국 사별해야 했던 사정…. 믿을 수 없을 정도로 한스러운 한국 여성, 어머니의 삶이 그녀의 삶 속에 축약되어 있었다.

그녀는 시어머니와의 고부갈등, 남편의 외도, 남편에게 사랑받지 못한 고통스러운 결혼생활이라는 지난한 과정을 모두 경험해온 사람이었다. 분명 견디기 어려울 정도로 아프고 힘든 과정이었을 테지만 그녀는 아이들을 위해 꾹 참고 견뎌냈다. 하지만 이제는 아이들도 모두 성장해 자신을 떠나고, 남은 것은 풀리지 않은 평생의 한과 수치스럽고 좌절스러운 과거의 기억뿐이었다.

마음에 쌓인 화, 병이 되다

   할머니의 가슴에 맺힌 화는 해소되지 못하고 쌓이다가 결국 가슴 답답함과 두통, 어지러움, 숨막힘 같은 신체증상으로 표현되었다. 가슴 한가운데에 아주 거대한 응어리가 맺혀 풀어지지 않는 느낌이 들었다. 할머니는 우울하고 불안하고 쓸쓸했다. 억울하고 한스럽고 속상하기도 했다. 이렇게 살아서 뭐하나, 삶이 무의미하게 느껴졌다. 죽고 싶다는 생각까지 했다.

   "죽고 싶다, 가슴이 답답하고 뜨겁다, 머리가 아프다, 잠이 안 온다, 어지럽다…."

   가족들은 이렇게 고통을 호소하는 어머니를 병원에 입원시켰다. 의학적 검사상으로는 아무런 이상이 없다고 했다. 마음의 병을 앓고 있음을 깨달은 가족들은 아버지에게 핍박받으며 힘겨운 삶을 살아온 어머니의 상처가 치유되기를 간절히 원했다. 순탄치 않았던 여자로서의 어머니의 인생사를 알기에 어머니가 이번 기회에 오랜 세월 하지 못했던 이야기를 다 털어놓고 모든 한을 풀기를 바랐던 것이다.

   "이런 이야기를 다른 분들에게 해본 적이 있으세요?"

   "못했어요. 아무한테도 못했지요. 이런 이야기를 한 건 이번이 처음이에요."

   "남편에게 서운한 감정을 표현해본 적이 있으세요?"

   "없어요. 어떻게 그래요. 남편이 무서워서 못 그랬죠…. 그냥 참고만 살았어요."

"정말 힘들게 참아오셨네요."

"네, 난 정말 속상해요. 남편을 원망하고 싶어도 이제는 세상에 없는걸요. 없는 사람을 원망해서 뭐하나 하다가도… 그냥 가슴만 답답해지네요."

"저런, 얼마나 힘드셨을까요."

"이제는 자꾸만 화가 나요. 그냥 이유도 없이 화가 나네요."

그녀는 평생 참고 인내하며 살았다. 억척스럽게 생계를 꾸려가는 강인한 어머니였지만, 남편과 시어머니 앞에서는 꼼짝할 수 없는 착한 아내이자 며느리로서 삶을 살아왔다고 했다. 자기주장을 할 수 없었고, 아무도 받아주고 이해해주는 사람이 없었기에 설움이나 속상함을 표현해본 적도 없었다. 이혼은 생각할 수도 없었고 자신과 아이들을 위해 그저 참고 사는 게 능사라고만 생각했다. 화가 나고 속이 상할 때 유일한 방법은 참고 억누르는 것뿐이었다.

이렇듯 화병은 오랜 시간 스트레스에 노출되어 왔으나 어쩔 수 없이 화를 참으며 꾹꾹 눌러온 사람들에게 흔히 잘 생기는 마음의 병이다. 이들은 본인이 어떤 이유로 화가 났는지, 벗어나는 방법이 무엇인지도 알고 있지만 주변 상황으로 인해 별다른 대처를 하지 못하고 억누르는 경우가 다반사다. 대표적인 예로 시댁에서 스트레스를 받고 남편과의 불화로 인해 고통을 겪지만 가정을 지키기 위해 꾹꾹 누르며 참아온 가정주부를 떠올려볼 수 있다. 화병은 불행한 결혼생활을 하며 오로지 참고 사는 중년 혹은 노년 여성들에게서 주로 나타난다고 한다.

언뜻 보기에 화병은 많은 이들이 겪는 우울증과 증상이 비슷해 보인다. 하지만 여타 정신장애와 화병은 중요한 차이점이 있다. 다음과 같다.

화병과 다른 정신장애의 차이점

- 우울증도 부부갈등과 상관이 있긴 하지만 화병의 경우 남편의 외도 문제나 시댁과의 갈등이 더 관여된다.
- 부부갈등의 원인이 실제로 남편에게 있거나, 혹은 문제의 원인을 남편에게 돌린다.
- 화병 환자의 경우 흔히 무력감을 경험한다. 즉 자신에게 이 상황을 통제할 수 있는 힘이 없다고 느낀다.
- 순종적인 대처방식을 택한다. 부당한 상황에서도 주로 순응하고 참으며 상대에게 맞추어준다.
- 억압이나 억제의 방어기제를 주로 쓴다. 즉 참고 살면서 자신의 감정을 부인하거나 외면하고 억압한다. 부정적인 감정을 인식하지만 표현하지 못한다.
- 억울함, 분함, 화남 등의 정서가 더 중요한 핵심 정서다.

화병은 가슴 두근거림, 가슴 답답함, 열감, 입 마름, 두통, 목이나 명치에 뭉쳐진 덩어리가 느껴지는 신체증상이나 억울함과 분함의 감정으로 나타난다. 사소한 일에도 화가 치밀거나 분노가 일어나고 삶이 허무하게 느껴지거나 자신을 초라하고 불쌍하게 느낀다. 쉽게 두려워하고 깜짝깜짝 놀라는 증세도 나타난다. 오랜 세월 억압된 화는 막연한 신체증상들로 표출되며, 설움과 한이 뒤섞인 감정이 되어 삶을 고통스럽게 만든다.

화병은 순종적인 아내와 며느리를 바람직한 여성상으로 강조해왔던 한국문화 특유의 증후군이다. 또한 부정적인 감정을 무조건 감내하고 억압하도록 압박하는 이 사회의 문화도 화병의 탄생에 기여했다. 화병의 탄생 배경을 생각할 때, 문화적인 맥락을 고려하지 않을 수 없다.

오늘도 많은 중년 혹은 노년의 여인들이 '그저 참고 사는 게 능사'라는 신념으로 자신의 복 없는 인생, 남편 복과 시댁 복이 지지리 없는 운명을 탓하며 말없이 살아가고 있다. 묵묵히 자기 일을 하려고 하지만 가슴에 쌓인 화는 풀리지 않는다. 그저 몸이 아프고 잠이 안 오고 가슴이 답답할 뿐이다. 아주머니나 할머니들은 한의원에 가서 막연한 신체증상을 호소하며 침도 맞아보고 약도 먹어보지만 빠른 차도가 없다고 호소한다. 사실 몸의 병이 아니라 마음의 병이기 때문이다. 알고 보면 한의사의 따스한 관심과 친절이 이 시대에 화병으로 고통받는 어머니들에게 약이 되고 있을 텐데, 그것을 알까? 가슴에

쌓인 마음의 병은 사실 한스러운 삶에 귀 기울여줄 누군가의 애정과
관심으로 치유될 수 있다.

화병 탈출을 위한 노하우

태어나서 한 번도 화를 내지 않은 사람은 없을 것이다. 분노는 인
간에게 기본적이면서도 자연스러운 감정이고 생존을 위해 이로운 경
우도 있다. 하지만 문제가 되는 것은 화를 오랜 세월 동안 적절히 다
스리지 못하고 억눌렀을 경우다. 분노가 해소되지 못하고 쌓이고 쌓
여 가슴속에 응어리진 한이 될 경우 마음의 병이 생기는 근원이 된다.

한국인들은 흔히 '울화가 치밀어 못 산다.'라는 말을 하고는 한다.
부정적인 감정을 지나치게 억제하고 억압하도록 하는 사회, 개인보다
는 집단의 조화를 중시하는 사회 속에서 한국인들은 화가 나도 참고
환경에 순응하도록 길들여진다. 가부장적인 문화 속에서 오랜 세월
가족을 뒷바라지하며 시집살이를 하고 시댁 어른과 남편에게 순종해
야 했던 전통적인 한국 여성들에게 화병이 자주 발병하는 것은 우연
이 아니다. 부정적인 감정을 억압할 수밖에 없는 환경에서 무력해지
는 개인은 화를 가슴속에 쌓아두며 마음의 병을 키워간다. 요즘엔 위
계질서가 강한 사회에서 일방적으로 권위적인 직장상사의 눈치를 봐
야 하는 조직 구성원들이나 미래를 담보 잡힌 채 대학입학을 위한 입

시교육에 매몰된 청소년들에게도 화병이 자주 발병한다고 한다. 더이상 화병은 참기만 하고 살아온 한국 어머니들의 전유물이 아니다.

그렇다면 가슴속에 쌓인 화는 어떻게 표현될까? 가슴속에서 무언가 치밀어 오르는 듯한 답답한 느낌, 몸이나 얼굴이 화끈거리는 열감은 화병의 증상이다. 이렇듯 화병은 가슴 답답함과 두근거림, 두통, 어지러움, 숨 막힘과 같은 신체증상이 주가 되어 나타난다. 몸과 마음은 분리된 것이 아니기에 마음의 상처는 여러 신체증상들로 표현된다. 또한 오랜 세월 동안 울화가 쌓였기에 사소한 일에도 쉽게 화가 치밀어 오르는 등 예민한 모습을 보인다.

화병, 어떻게 치료할까?

나 혹은 주변 사람에게 화병 증세가 있다면, 어떻게 해야 할까? 우선 무력감이 강한 상태이기 때문에 화병을 치료할 수 있다는 자신감을 갖는 것이 중요하다. 이 상태가 영원히 지속될 것이라는 생각은 버리고 해결을 위한 도약을 시작해야 한다.

먼저 화병의 근원은 풀리지 못한 분노에 있으므로, 억압된 분노를 해소할 수 있는 방안을 찾도록 권유하고 싶다. 화가 난 감정을 스스로 인정하지 않고 지나치게 억눌러왔기에 문제가 되었다는 것을 잊지 말자. 무언가를 억누르고자 할수록 그에 대한 반동효과가 생긴다.

수용되지 못한 분노는 어떻게 해서든지 표현되고자 하므로 분노를 외면하거나 억압하려고 할수록 신체증상과 같은 다른 통로를 통해 표현되려고 할 것이다.

그렇다면 화를 바로바로 표현해야 할까? 사실 분노를 그대로 표출하는 것 또한 무조건 억누르는 것만큼이나 좋지 않다. 절제되지 않은 방식으로 화를 내면 낼수록 인간의 뇌는 그와 같은 상황에 익숙해진다. 즉 화를 내는 것도 습관이 되는 것이다. 당신이 누군가에게 화가 났다고 해서 무조건 소리를 지르거나 심한 반격을 한다면, 그것은 당신에게도 상대에게도 그리 좋지 않은 결과를 가져올 것이다. 당신은 쉽게 화를 분출하게 되겠지만 그렇다고 해서 화가 사라지지는 않는다. 화는 심하게 표출할수록 오히려 더 강해지는 경향이 있다.

중요한 것은 화를 무조건 분출하기보다는 건강한 방식으로 그 감정을 지켜보고 수용하는 데 있다. 즉 화가 났을 때 '내가 화가 많이 났구나, 내가 힘들구나, 이 감정은 분노구나.' 하면서 자신의 감정을 있는 그대로 지켜봐주는 것이 필요하다. 내가 느끼는 감정이 어떤 감정인지 알아채는 동시에 이름을 붙여주는 과정도 도움이 된다. 내 감정을 객관적인 입장에서 지켜보고 그에 걸맞은 이름을 붙여주는 것만으로도 감정의 소용돌이에 휘말리지 않고 한 발짝 벗어날 수 있는 힘을 얻을 수 있다. 이런 과정을 통해 그 감정 자체가 자신이 아니라는 것을 깨닫게 되는 것이다. 자신의 감정을 억압하지 않고, 알아채고 바라보며, 있는 그대로 수용하는 것은 정서적 성숙을 향한 첫걸음이다.

그 밖에 해소되지 않는 화를 다스릴 수 있는 방법으로 명상이나 음악 듣기, 운동, 미술작품 만들기나 악기 연주와 같은 예술작업 또한 도움이 된다. 화 또한 일종의 에너지이므로 분출할 수 있는 건강한 취미생활이 있다면 좋다.

20

죽음처럼 다가오는 공포가
나를 압도한다

외상후스트레스장애, 공황장애

"세상 밖으로 나가는 것이 두렵다."

"선생님, 저는 입원생활이 더 편한 것 같아요. 퇴원이 두려워요⋯."

"어떤 점에서 두려운가요?"

"또다시 공황발작이 일어나면 어떻게 하죠? 정말 죽을 것만 같아
요. 어디에도 가고 싶지 않아요. 무서워요, 선생님."

순정은 내 손을 붙잡고 동그란 눈을 크게 뜬 채 언제까지고 자신
을 돌봐달라며 간청하듯 말했다. 세상 밖으로 나가는 것이 두렵다는
순정은 입원생활 한 달째였다. 순정은 갑작스럽게 몰려오는 죽음에
대한 극심한 공포, 심장이 빠르게 뛰며 숨이 가빠지고 질식할 것 같
은 고통에 시달리는 마음의 병인 공황장애를 앓고 있었다.

"언제 공황발작이 올지 몰라요. 그렇게 죽는 건 너무 두려워요⋯."

이제 갓 20살이 된 순정은 싱그러운 20대 초반의 젊음이 물씬 느껴지는 아름다운 여성이었다. 흰 피부에 굴곡 없이 뻗은 풍성한 생머리, 생글한 웃음이 담긴 첫인상이 귀엽게 느껴졌지만 얼굴 표정에는 어딘지 모르게 어두운 흔적이 담겨 있었다. 17살부터 예고 없이 찾아온 공황발작이 그 원인이었으리라.

현기증이 나고 온몸에 진땀이 흐르며 발작처럼 다가오는 심장의 고통과 질식감에 순정은 곧 죽음이 다가올 거라 믿어 의심치 않았다. 주변 사람들의 도움으로 응급실에 실려 가기도 하고 병원에 입원해서 관련된 의학적 검사를 모두 받아보기도 했지만, 신체적으로는 아무런 이상이 없었다. 의사들은 마음의 병을 의심했고, 결국 심리학자에게 심리평가와 상담을 의뢰했다.

"그때 그냥 죽어버렸다면 더이상의 고통도 불안함도 없었을 텐데…. 괴로운 감정이 쓰나미처럼 밀려와요. 잊고 싶어도 잊혀지지 않는 기억들 때문에…."

순정은 누구에게도 털어놓지 못했던 과거를 회상하며 눈물을 떨구었다. 어린 시절 아버지를 잃고 홀어머니 밑에서 성장한 순정은, 어려운 가정 형편에 힘이 되어주고 싶었다고 한다. 초등학교만 졸업하고 계약직 청소노동자로 일하는 어머니의 두 손은 두껍고 거친 가죽이 되어버렸다. 순정은 고등학교만 졸업하면 취업해서 생계에 도움이 되자고 굳게 마음먹고 실업계 고교에 진학한 후로는 줄곧 아르바이트를 했다. 하교 후 다소 늦은 오후부터 가게 문을 닫는 자정까지 일을 하다 보면 몸은 너무나 힘들었지만 돈 버는 재미로 버틸 수 있었다. 쥐꼬리만 한 월급이라도 어머니가 기뻐하는 모습을 보면 다시 일할 기운이 났다.

잊혀지지 않는 악몽 같은 기억

어느 여름날 밤 12시, 차비를 아끼기 위해 가게에서 집까지 두세 정거장을 걸어 다니던 순정은 충격적인 일을 겪었다. 누군가 입을 막으며 잡아채는 손길에 순간적으로 정신을 잃었고, 이후로 어렴풋하게 기억나는 것은 벌거벗은 자신 위로 올라탄 남자의 모습과 그런 자신을 구경하고 있는 남자들이었다. 꿈결 같은 현실 속에서 굵고 거친 남자들의 웃음소리가 귓가를 스쳤다.

"선생님, 그때 기억들이 너무나 고통스러워요…. 흐흑…."

순정은 흐느껴 울었고, 더이상 기억하는 것이 힘들다며 말을 멈추었다. 하지만 어린 소녀였던 순정이 성폭행을 당한 후에도 아무런 보호를 받지 못했음은 확실했다. 순정은 피해자였음에도 죽을 것같이 수치스러웠다. 아무도 자신이 겪은 일을 몰랐으면 했다. 가족조차도 순정이 겪은 일을 모르고 있었다.

이후 순정은 배가 불러왔고, 임신 중기가 되어서야 아이를 가진 사실을 알게 되었다. 교복재킷으로 불러오는 배를 가릴 수 없게 되자,

학교에는 그녀가 문란하다는 소문이 파다하게 퍼졌다. 자신을 헐뜯으며 비웃는 소리가 들려왔고, 친하게 지냈던 친구들조차 순정을 따돌렸다.

"제가 아르바이트도 학교도 모두 외면하고 가출해버린 게 그때였어요. 엄마한테는 정말 미안했지만, 힘들게 사는 엄마한테 임신 사실을 알리는 건 죽기보다도 싫었어요."

순정은 소위 노는 아이들로 알려진 친구들과 어울려 다니기 시작했다. 친한 언니 집에 들어가 살며 술에 손을 대고 담배를 피웠다. 하루에 소주 6병씩 마셨고, 담배는 하루에 3갑씩 피웠으며 밤낮이 뒤바뀐 채 밤거리를 배회하는 생활을 했다.

"밥에 소주를 타서 먹기도 하면서 미친년처럼 살았어요. 그런데 배 속의 아이가 나를 닮았는지 생명이 끈질겼나 봐요. 웬만하면 죽을 만하잖아요. 끈질기게 살아 있더라고요."

순정은 배 속에서 자라고 있는 생명이 사랑의 씨앗이 아닌 악마의 씨앗으로 느껴졌다. 불룩한 배를 보면 그날 밤의 너무나도 끔찍한 악몽이 떠올랐다.

"제발 꿈이었으면 했죠. 그런데 아이가 크고 있는 게 느껴졌어요."

하지만 결국 배 속의 아이는 생명을 잃었다. 극심하게 몰아붙이는 위험천만한 생활을 견디지 못하고 순정은 하혈을 하며 쓰러져버린 것이다. 자신의 삶을 갉아먹는 것 같은 작은 생명은 사라졌지만, 이후로는 극심한 죄책감에 시달렸다. 아이가 사라지기를 바라는 마음이 실현되었기 때문이다.

이후 자신을 애타게 찾아다니던 어머니를 생각해 집으로 돌아왔지만 학교를 자퇴했다고 한다. 학교 친구들이 따돌리며 급식판에 가래침을 뱉던 기억이 너무나 고통스러웠기 때문이다. 순정은 이후 검정고시를 준비하고 꾸준히 아르바이트를 하며 안정을 찾아갔지만, 여전히 성폭행을 당한 기억이 악몽으로 재현되었고 아이를 죽였다는 죄책감이 마음을 짓눌렀다. 그리고 얼마 지나지 않아 이유도 없는 공황발작이 시작되었다.

순정은 공황발작 때문에 아르바이트도 그만두고 집에서만 틀어박혀 지냈다. 또다시 발작이 일어난다면 이번에는 정말 죽어버릴 것 같았기 때문이다.

"그렇게 죽고 싶으면서도 또 막상 죽을 것 같은 느낌이 들면 너무 무서워요. 저 이상하죠, 선생님?"

"살고 싶은 마음이 드는 게 당연하지요."

"집에 있을 때는 괜찮은데 사람들 많은 데 가면 발작이 일어날 것 같아요. 사람들의 시선이…"

"시선이?"

"저를 비난하는 것 같아요. '네가 그 문란한 여자 아니냐.'라고, '배 속 아이를 죽인 나쁜 년 아니냐.'라고 그렇게 욕하는 것 같아요. 틀림없이 그렇게 생각할 것 같아요."

심리적 외상, 치유되지 않는 기억 속에서

순정은 잊혀지지 않는 성폭행의 트라우마 속에서 허우적거리고 있었다. 분명 보호받고 위로받아야 할 피해자였음에도 자신의 잘못이라는 생각에서 벗어나지 못하고 있었다.

"또다시 나쁜 일을 당할 것 같아요. 그날 밤이 잊혀지지가 않아요. 그 남자들의 웃음소리가 사라지지 않아요. 아직도 꿈에 나와요. 선생님, 이런 제게 미래가 있을까요?"

순정은 충격적인 과거의 사건을 자꾸만 경험하며 외상의 희생자가 되고 있었다. 불안은 가시지 않았고, 삶의 희망은 꺾인 채 살아나지 못했다. 공황발작까지 일어나며 자신의 몸 상태에 극도로 예민해진 상태였다. 자연스럽게 심장이 두근거리는 상황에서도 '혹시나 또 공황발작이 일어나려는 것 아닌가?' 하는 생각에 불안이 가중되고는 했다. 언제 죽을지 모르는 세상 속에서 순정은 혼자만의 외로운 투쟁을 하며 살아왔던 것이다.

순정은 공황발작이 또다시 일어날지 모른다는 두려움 때문에 2년 이상 아무도 만나지 않은 채 집이라는 감옥에 갇혀 살아왔지만, 이제는 병동에서만 숨어 지내고 싶다고 했다. 그녀를 가로막고 있었던 것은 자신의 마음이 만들어낸 감옥이었던 것이다.

한 달 후 그녀는 퇴원을 하고도 꾸준히 상담을 받았다. 안전한 곳에서 아픈 기억들을 털어놓으며 외면하던 기억들을 통합하는 작업을 시작했다. 불쑥불쑥 떠오르는 공포스러운 기억을 남겨두기보다는, 자신이 통제할 수 있는 안타까운 기억으로 만드는 과정이었다. 또한 성폭행을 당한 것은 여성의 잘못이 아님을, 자신은 보호받아야 하는 피해자였음을 깨달아가는 과정이기도 했다.

안타깝게 죽어간 배 속 아이에 대한 애도의 과정도 거쳤다. 자신의 핏줄이 한 번도 사랑받지 못한 채 세상을 떠난 것을 충분히 슬퍼하면서, 자신의 의지와 상관없이 누군지 모를 사람의 씨앗을 잉태해야 했던 자기에 대한 연민도 마음에 담았다. 또래 친구들의 놀림에 분노하기도 했지만, 그 분노를 온전히 경험하고 내려놓는 법과 용서하는 법도 터득했다.

또한 공황장애 치료를 경험하면서 공황발작에 대한 지나친 두려움도 거두었다. 불안해질 때 스스로 마음을 조절하는 법을 알아가며, 순정은 조금씩 세상을 향해 발을 내딛기 시작했다.

"선생님, 드디어 일자리를 구했어요. 검정고시 학원도 등록했고요, 이렇게 꾸준히 해나가면 저도 잘 될 것 같아요. 뭔가 희망이 보이는 것 같아요."

그녀는 얼굴이 한층 밝아져 본래 가졌던 생글한 얼굴의 아름다움을 되찾은 모습으로 해맑게 웃었다. 이제 그녀에게 남은 것은 앞을 향해 걷는 일뿐이었다.

공황장애란 무엇인가?

　최근 몇몇 유명 연예인들이 공황장애에 시달리고 있다는 사실을 고백하면서, 매스컴에서는 불안장애의 일종인 공황장애에 대해 조명하기 시작했다. 아마도 웬만한 사람들은 한 번쯤 들어봤을 법한 공황장애는 과연 어떤 병을 말하는 걸까?

　공황장애는 신체적인 이상이 없는 갑작스러운 강렬한 불안, 즉 공황발작을 반복적으로 경험하는 마음의 병을 말한다. 공황발작(panic attack)은 곧 죽을 것만 같은 극심한 공포와 함께 가슴통증, 심장이 빠르게 뛰며 숨이 가빠지는 질식감, 비현실감, 몸의 떨림과 땀 흘림, 감각의 이상이나 마비와 같은 증상을 동반한다. 갑작스럽게 나타나므로 예측하기가 어려우며, 10분 이내에 증상이 최고조에 달해 곧 죽을 것 같은 공포를 경험하게 된다. 공황발작을 경험하는 이들은 흔히 응급실에 실려 가며, 심장병이 아닌가 하는 불안을 경험해 건강염려증이 생기기도 한다. 또한 또다시 발작이 일어날까 두려워하는 예기불안(anticipatory anxiety)으로 인해 외출을 삼가거나 혼자 있기를 두려워하는 행동의 변화가 생긴다. 따라서 엘리베이터나 버스, 지하철과 같은 특정한 장소나 상황을 회피하는 광장공포증이 함께 동반되는 경우가 많다.

　공황장애는 왜 생기는 것일까? 연구자들은 공황장애 환자들이 일종의 생물학적 취약성을 가지고 있다고 주장한다. 혈액 속의 이산화탄소 수준이 낮게 유지되어야 하는데, 호흡기능과 관련된 자율신경계의 생물학적 결함으로 인해 호흡을 깊고 빨리 하게 된다는 것이다. 과잉호흡 경향은 공황발작을 유발하는 데 영향을 준다고 한다. 또한 공황장애 환자들은 혈액 속의 이산화탄소 수준에 과도하게 예민하기 때문에 혈액 속의 이산화탄소 수준이 높아질 경우 질식할 수 있다는 잘못된 메시지를 신체에 보낸다. 따라서 호흡곤란을 느낀 환자는 이것을 심각하게 해석하고, 불안이 더욱 심해진다. 즉 환자는 신체감각에 대해 더 예민하게 주의를 기울이고 파국적으로 해석하며, 이런 경향이 불안을 강화하게 된다. 결국 생물학적 취약성에 더해 인지적인 잘못된 해석 과정은 불안발작에 이르는 메커니즘이 된다는 것이다.

공황장애를 경험한 사람은 처음에는 신체적인 질병을 의심한다. 심장에 문제가 있는 건 아닌가 하는 의심을 품게 되며, 전형적으로 여러 의학적 검사를 받는 과정을 거친다. 하지만 의학적 원인이 없다고 판명되고, 결국은 심리적인 문제로 귀결된다. 그런데도 공황발작을 경험한 사람들은 흔히 심리적 문제보다는 신체적 문제에 귀인하는 경우가 많다. 심리적 고통을 억압하는 사람들에게 공황발작이 흔히 나타나고, 우리 사회에서는 마음의 문제보다는 몸의 문제에 관대하기 때문이다.

공황장애를 겪는 이들은 혼자 해결하려고 하기보다는 정신건강 전문가의 도움을 받을 필요가 있다. 특히 인지행동치료가 효과적이라고 알려져 있으며, 복식호흡훈련이나 긴장이완법과 같은 불안조절 훈련도 효과적이라고 알려져 있다.

외상후스트레스장애란 어떤 것인가?

외상후스트레스장애(PTSD ; post traumatic stress disorder)는 심각한 외상사건을 경험한 후 병적인 불안상태가 장기간 지속될 경우 진단된다. 전쟁이나 범죄 피해자뿐만 아니라 성폭력, 가정폭력, 학교폭력 등을 겪은 피해자도 외상후스트레스장애로 고통받고 있다. 외상후스트레스장애 환자들은 충격적인 사건을 지속적으로 재경험하게 된다. 악몽을 통해 경험하거나 현실 속에서 사건이 다시 재발하고 있는 것 같은 착각을 경험하기도 한다. 또한 외상과 관련된 단서에 의해 강렬한 고통을 경험하며 예민한 각성 상태가 지속된다. 과민한 상태에서 쉽게 놀라거나 짜증을 내고 잠을 이루지 못하며, 앞날에 대한 희망을 잃고 우울한 모습을 보이기도 한다.

외상후스트레스장애는 어떻게 치료해야 하는 걸까? 충격적인 사건이라고 해서 무조건 덮어두었다가는 더 크게 탈이 날 수 있다. 대개의 사람들은 고통스러운 사건을 억지로 잊고자 하며, 생각하지 않으려고 노력한다. 하지만 심리학적 용어로 '사고억제의 역설적 효과' 라고 알려져 있듯이 무언가를 생각하지 않으려고 하면 더 생각이 나는 반동 현상이 생겨난다. 예를 들어 사람들에게 "흰곰을 생각하지 마라."라고 주문하면, 오히려 흰곰을 더 떠올리게 된다. 따라서 외상사건을 잊으려고 애쓰지 말고, 기억 속에 자연스럽게 통합하며 수용하는 과정이 필요하다. 그 과정에서 생겨나는 불안을 안전한 환경에서 완화시켜가는 과정 또한 필요하다.

이런 과정을 혼자 해낼 수 있다면 좋겠지만 사실 쉽지 않다. 따라서 전문가의 도움을 받아 외상사건을 단계적으로 떠올리면서 불안한 기억에 점차적으로 직면하도록 권하고 싶다. 외상사건을 큰 충격 없이 바라보고, 그 기억을 기존의 기억에 자연스럽게 통합하는 과정을 거쳐야 하는 것이다. 또한 불안이 높아져 있으므로, 불안을 조절하기 위한 긴장이완훈련이나 명상법, 복식호흡 등을 배워 일상생활에서 해보는 것이 필요하다.

21
몸은 마음보다
먼저 알고 있었다

전환장애

왜 나는
늘 허전한 걸까

"나는 몸이 아프기 때문에 할 수 없다."

"이 그림이 무엇처럼 보이세요?"

"헉, 이… 이건 피… 피에요, 너무 무서워요."

수진은 로르샤흐카드(Roschach Card)를 보자마자 창백해진 얼굴로 입술을 파르르 떨며 공포에 질렸다. 모호한 물감카드를 제시하는 로르샤흐검사는 대칭을 이루는 잉크반점 그림에서 무엇을 보는지를 통해 내담자의 성격, 인지, 대인관계, 지각, 현실검증력, 판단력 등을 알아보는 심리검사다. 로르샤흐카드에서 내담자가 보는 것들은 마음속에 있는 것들이 투사(projection)된 결과물이다. 임상심리학자는 로르샤흐검사를 통해 내담자가 스스로는 의식하지 못하는 무의식적

264

내면세계를 읽어내고 내담자가 외부세계를 지각하는 방식과 대처방법을 파악한다.

수진은 로르샤흐카드를 손에서 내려놓고 숨을 헐떡이기 시작했다.

"헉, 헉… 선생님… 숨이 막히고 어지러워요."

수진은 고통스러운 듯 눈을 감고 가슴에 손을 올린 채 얼굴을 찌푸렸다. 카드에 찍힌 물감이 수진에게 정서적인 충격을 준 것 같았다. 외부자극에 대해 적당한 정서적 거리를 두고 자신을 지킬 수 있는 심리적 방어체계가 약해진 상태였다.

"선생님, 너무, 너무… 어지러워서…."

수진은 3시간 동안 이어진 심리평가로 지쳐 보였다. 하지만 수진은 그만하고 싶다고 솔직히 이야기하지 못하는 착한 18세 소녀였다. 아름다운 외모만큼 마음도 예쁜 소녀였지만 원인을 알 수 없는 신체증상 때문에 상담실을 찾았다. 심리적 원인을 밝히기 위해 심리평가를 했지만, 갑작스러운 과호흡 증세를 보이며 결국 로르샤흐 검사를 하지 못하고 평가를 마무리지었다. 하지만 이어서 한 면담에서는 평정을 되찾고 눈에 띄게 차분한 모습이었다. 수진이 면담 내내 일관되게 말하는 것이 있었다. 자신은 마음이 아픈 게 아니라 몸이 아프다는 것이다.

"선생님, 저는 몸이 아픈 건데 왜 정신병원에 입원했는지 모르겠어요. 정말 몸이 아픈 건데…"

의학적 검사 소견에서 정상으로 밝혀졌지만 그녀는 몸에 이상이 있을 거라고 확신했다. 이름난 대학병원을 수차례 옮겨 다니며 여러 가지 검사를 받았지만 '신체적으로 아무런 이상이 없다'는 검사 결과만 반복되었다. 차분한 태도로 신체에 병이 있다고 주장하지만 검사상 아무런 이상이 없는 수진. 이 소녀에게 대체 어떤 일이 있었던 것일까?

두 다리가 마비된 발레리나

수진은 하루아침에 멀쩡하던 두 다리가 마비되었다. 이유 없이 걷지 못하게 되자 병의 원인을 찾기 위해 여러 병원을 전전하기 전만 해도 이름난 예술고등학교에서 사람들의 기대를 한 몸에 받는 전도유망한 발레리나였다. 유명한 예술대학에서 교수로 일하고 있는 엘리트 부모님을 둔 수진은 7살 때 발레를 시작해 줄곧 두각을 나타냈다. 어디를 가나 "재능이 있다, 대단하다."라는 칭찬을 들었고 여러 대회에서 상을 휩쓸었다. 엘리트의 삶을 한 번도 멈추어본 적이 없었다. 명문 예술고등학교에 입학해서 명문 대학으로 진학하고, 이후 유학 길에 오르는 꿈, 유명한 발레리나로서의 삶…. 수진의 삶은 정해진 탄탄대로를 밟을 것이라며 그 누구도 의심하지 않았다.

대학 입시에 결정적인 영향을 미치는 콩쿠르를 며칠 앞둔 어느 날이었다. 학교의 기대주이자 유력한 대상 후보자인 수진은 오랜 기간 피나는 연습을 하며 준비해왔건만, 갑작스럽게 두 다리가 움직이지 않았다.

"어? 왜 이렇지? 어찌된 일이지? 엄마, 내 다리가… 내 다리가 움직이지 않아…!"

수진을 유망주로 떠받들던 학교 관계자들은 충격에 휩싸였고, 부모는 하나밖에 없는 외동딸이 걷지 못하자 두려움에 떨었다. 수진의 부모는 그동안 아무런 문제없이 잘 커오던 딸에게 닥친 일을 믿을 수 없었다.

"심각한 병이라면 어떻게 하지?"

"우리 딸아이가 영원히 걷지 못한다면 어떻게 해?"

수진의 부모에겐 세상이 무너지는 것처럼 큰 충격이었다. 하지만 휠체어에 앉은 수진은 이상할 만큼 평온해보였다. 그토록 오랜 기간 준비해온 콩쿠르를 포기해야 하는데도, 눈앞에 놓인 대학 입시를 외면할 수밖에 없는데도, 발레리나로서의 삶에 지장이 생길 수 있는데도 아무렇지 않은 듯했다. 수진은 자신이 포기해야 하는 일들에 무심히 대응하며, 부모의 극진한 정성 아래 대학병원을 전전하기 시작했다. 하지만 신체 이상의 원인은 어떤 검사를 통해서도 밝혀지지 않았다. 그녀를 진찰한 의사들은 '마음의 병이라고 생각된다.' '심리적 원인으로 보인다.'라는 소견을 내놓았고, 결국 정확한 원인을 밝히기 위해 임상심리학자를 찾은 것이다.

걷지 못하는 대신 얻은 것

수진의 부모는 오랜 부부갈등 끝에 파경 위기에 있었다. 딸을 낳은 후 각자의 일에만 매진하며 가정에 소홀히 했던 두 사람은 무늬만 부부일 뿐 남과 다름없는 생활을 하고 있었다. 외로움과 공허뿐인 가정생활이었지만, 위태로운 가정을 그나마 지킬 수 있게 해준 동력은 예쁜 외동딸 수진이었다. 하지만 결혼생활의 위기가 계속되자 수진의 부모는 결국 이혼을 택하기로 했다.

누구보다 수진을 아끼던 아버지는 이혼을 앞두고 딸과의 이별을 준비하고 있었다. 수진은 마음껏 울고 싶었지만 울 수 없었다. 중요한 콩쿠르를 앞두고 연습에 매진해야 할 시기에 부모님과 선생님, 친구들의 기대를 꺾고 약해질 수는 없었기 때문이다.

"너는 강한 사람이야. 아빠의 기대를 저버리지 않을 거지? 아빠가 없어도 수진이는 잘할 거야."

수진의 아버지는 딸이 지금까지 해왔던 것처럼 앞으로도 성공의 길을 걸어갈 수 있을 거라고 기대했다. 수진은 아버지의 기대에 따라 무대에서 보여줄 발레를 완성해가며 울음을 참았다. 그리고 자신의 찬란한 앞날을 떠올렸다. 수진은 대회에서 수상하고 명문대학으로 진학해 엘리트의 길을 걸으며 부모님처럼 예술대학의 교수가 되겠다고 꿈꿨다.

'그래, 이번 콩쿠르에서 금상을 타면….'

압박감에 두 다리가 늪으로 빠져 들어가는 것 같았지만 꿈속에서 그려왔던 것들을 되새기며 이를 악물었다. 하지만 수진의 심리적 갈등은 결국 몸으로 드러났다. 두 다리가 마비된 발레리나의 소식은 온 학교에 퍼졌고 급기야 수진은 학교를 휴학할 수밖에 없었다. 대회에도 나갈 수 없었고, 더이상 춤을 출 수도 없었다.

수진의 부모님은 딸이 몸을 앓자 이혼을 미루었다. 서로의 바쁜 일정을 한 템포씩 늦춘 부모는 외동딸을 돌보며 갈등의 골을 메우고 있었다. '딸의 병'이라는 함께 이겨내야 할 목적이 있었기에 서로 공유할 지점이 생겼던 것이다. 부부관계는 조금씩 회복되었고, 수진은 일에만 몰두하며 바빴던 어머니와 아버지가 늘 자신의 곁을 지켜주는 생활 속에서 이전에는 느껴보지 못한 가정의 따뜻함을 경험했다.

전환장애, 마음의 갈등이 신체증상으로 전환되다

수진이 겪고 있는 마음의 병은 전환장애(Conversion Disorder)였다. 수의적인 운동기능이나 감각기능의 마비 같은 신체적 이상 증세가 나타나는 전환장애는, 심리적 갈등이 신체증상으로 전환되어 나타난다는 의미를 내포하고 있다. 환자의 증상은 신체적 손상을 시사하지만 실제 의학적 소견은 밝혀지지 않는다. 증상이 생기기 이전에 심리적 갈등이나 스트레스가 선행하므로 증상이 심리적 요인과 관련되는 것으로 추론할 수 있다. 전환장애를 겪는 이들은 삶의 다른 영역에서는 강렬한 불안을 경험하기도 하는 반면, 자신을 무능하게 하는 신체장애에 대해서는 두드러지게 관심이 부족한데 이를 두고 '아름다운 무관심(la belle indifference)'이라고 부른다. 신체증상은 환자로 하여금 좌절이나 도전적인 사건들을 회피하게끔 하거나 다른 사람들의 관심과 주의, 애정을 얻게끔 하는 이차적 이득을 가져오기 때문이다. 그렇다고 해서 신체증상은 환자가 일부러 만들어내거나 꾸며낸 의도적인 꾀병도 아니다.

"선생님, 이런 병이 왜 생긴 걸까요? 저는 어디가 아픈 걸까요?"

춤출 수 없는 발레리나, 수진. 그녀의 두 눈은 때묻지 않은 순수함으로 세상을 들여다보고 있었지만 자신의 내면을 들여다보지는 않았다. 소녀는 사실 두 다리가 아니라 마음이 아팠지만 끝내 심리적 고통을 인정하지는 않았다.

수진은 알고 있을까? 수진은 스스로 걸을 수 없는 대신 이혼이라는 목적지를 향해가던 부모의 에스컬레이터를 멈춰 세웠다는 것을. 춤 추기를 포기한 대신 무대에서 최고가 되어야 한다는 압박감을 외면할 수 있었다는 것을. 상처받은 사람이 되기보다는 이름 모를 병에 시달리는 안타까운 소녀의 이름을 자신에게 붙여주었다는 사실을. 알고 보면 마비라는 신체증상은 심리적 생존수단이자 방어기제였다는 것을 말이다.

프로이트의 관심사였던 전환장애

과거에는 '히스테리'라고도 불린 이 마음의 병은 현대에 이르러 심리적 갈등이 신체증상으로 '전환'된다는 의미에서 전환장애로 정착했다. 프로이트는 정신분석이론을 발전시키는 초기 과정에서 전환장애에 많은 관심을 가졌다. 그는 전환장애가 무의식적인 감정을 표현하려는 욕구와 이것을 표현하는 것에 대한 두려움의 타협으로 생긴 증상이라고 생각했다. 프로이트는 히스테리 환자였던 안나 오의 사례를 분석하면서 그녀의 신체증상을 심리학적으로 설명한다.

안나 오는 빈의 중산층 가정 출신으로 예쁘고 지적이며 똑똑한 처녀였다. 하지만 사랑하는 아버지가 늑막염으로 사경을 헤맬 때 헌신적으로 간호를 하다가 그만 병을 얻게 된다. 신체적인 원인을 찾을 수 없는 여러 심인성 증상들이 생겨난 것이다. 예를 들어 댄스음악이 흘러나올 때면 기침이 터져 나왔고, 물건이 굉장히 커 보이는 거시증이 생기기도 했다. 가장 두드러진 증상은 오른쪽 팔이 마비된 것이었다. 프로이트는 안나 오가 병든 아버지를 간호하는 과정에서 아버지의 성기를 만지고 싶다는 욕망을 느꼈고 그에 대한 죄책감으로 인해 갈등했다고 분석한다. 이런 무의식적인 갈등이 한쪽 팔의 마비라는 증상으로 표출되었다는 것이다. 움직이지 않는 팔은 자신의 욕망이 행동으로 표현되는 것을 막는 동시에, 수용할 수 없는 욕망을 품는 자신에 대한 처벌적인 의미도 있었다. 이런 과정을 통해 죄책감이 완화되는 경험을 했다는 것이다. 즉 안나 오의 신체증상은 심리적 갈등이 타협의 수단으로 표출된 결과라는 것이다.

프로이트는 전환증상을 겪는 환자들의 사례를 분석하면서 증상의 원인이 억압한 심리적 손상의 경험에 뿌리를 두며, 마음속 어딘가에 묻어둔 기억을 말해버리면 치료가 된다고 생각했다. 프로이트는 잊혀진 기억을 더듬어 말하게 하는 치료법을 개발하기 시작했는데, 이것이 정신분석의 시초다. 즉 프로이트의 치료는 갇혀 있는 감정을 풀어주는 작업이 되었다. 프로이트는 감정을 일으킨 무의식적 기억을 의식으로 가져와 말함으로써 카타르시스가 일어나 감정이 해소된다고 했다. 무의식에 다다르기 위해 프로이트는 무엇이든 마음에 떠오르는 생각을 자유롭게 말하게끔 하는 자유연상법을 사용했으며 꿈을 분석하기도 했다.

전환장애의 증상으로는 어떤 것이 있는가?

전환장애의 증상은 다양하다. 안나 오나 수진의 사례처럼 운동기능에 이상이 생겨서 팔이나 다리가 움직이지 않는가 하면, 목소리가 나오지 않거나 소변을 보지 못하거나 음식을 삼키지 못하는 증상이 나타나기도 한다. 운동기능 외에도 감각기능에 이상이 생기기도 한다. 신체 일부의 촉각을 상실해서 아무런 감각이 느껴지지 않기도 하고, 청력을 상실한 듯 소리가 들리지 않는 경우도 있다. 물건이 이중으로 보이는 이중시야가 나타나기도 하고 환각을 경험하기도 한다. 그밖에 간질 환자처럼 갑작스러운 경련이나 발작이 나타나는 경우도 있다. 손발이 뒤틀리거나 경련을 일으키고 감각마비와 같은 증상이 일시적으로 나타났다가 사라지기를 반복한다. 전환장애는 이렇듯 신체증상으로 나타나기 때문에 마음의 병으로 단정 짓기 전에 면밀한 의학적 검사가 필요하다.

전환장애의 치료법은 안타깝게도 확립되어 있지 않다. 하지만 대개 스트레스 사건과 연관되므로 발병의 원인이 된 선행사건이 무엇인지 확인하고 부정적 사건의 영향을 줄여줄 필요가 있다. 또한 환자가 증상을 통해 얻는 이차적 이득이 무엇인지 확인하고 제거하는 것이 중요하다. 가족이나 지인은 전환장애 환자가 증상을 보일 때에는 지나치게 관심과 애정을 기울이다가 증상이 나타나지 않을 때에는 관심을 거두고는 하는데, 그러면 증상이 더욱 강화될 수 있다. 본인이 의식하는 것은 아니지만, 결국 증상은 타인을 조종하고 시위하기 위한 무의식적인 시도이기 때문이다. 따라서 전문적인 치료를 의뢰하되, 증상을 보인다고 해서 평소에는 보이지 않던 과도한 관심을 보여준다거나 지나치게 호들갑 떠는 태도를 보이는 것은 좋지 않다.

22

자살,
그리고 살아남은 사람들

자살의 심리학

"죽음이 살아가는 것보다 낫다."

중년의 한 여자는 살아가야 할 모든 이유를 잃은 듯 보였다. 그녀는
한낮인데도 미동도 않고 침대 위에 우두커니 앉은 채 하루 종일 창밖
만 바라보며 웃지도 울지도 않았다. 창밖을 바라보는 그녀의 눈은
생기를 잃은 채 빈 거리의 허공을 향했다.

그녀가 보호병동에 입원하고 며칠 후 몸도 제대로 가누지 못하는
그녀를 부축해 면담실 의자에 앉혔다. 그녀는 상심한 얼굴로 고개를
푹 숙인 채 손에 무언가를 꽉 쥐고 있었다. 자세히 보니 젊은 여자의
사진이다.

"사진을 갖고 오셨군요."

276

치료자가 말을 건네자 그녀는 고개를 들고 눈을 마주쳤다. 그러더니 구겨진 사진을 펴 사진 속의 여자를 안타까운 눈으로 바라보며 손으로 거듭 매만졌다.

"선생님, 이 아이가 제 딸이에요. 예쁘죠? 제가 찍어준 사진이에요."

"네, 정말 예쁘네요."

20대 중반 남짓한 사진 속 여자는 학사모를 쓰고 꽃다발을 든 모습으로 활짝 웃고 있었다. 대학을 졸업하는 딸의 행복한 웃음을 담은 카메라의 시선은 사랑하는 자녀를 바라보는 어머니의 시선만큼 따스했다.

"그런데 더이상 볼 수가 없어요. 내 딸을…."

그녀는 눈물이 맺혔다. 굳어 있던 표정이 일그러지며 그간 참고 있던 울음을 터뜨렸다. 흐느끼는 그녀의 등을 토닥이자 울먹이며 말을 이었다.

"딸에게 더 잘해주지 못한 게 후회가 돼요. 많이 보고 싶어요."

그녀는 사랑스러운 딸을 잃은 아픔을 털어놓았다.

"남편이 죽고 저 혼자 딸아이를 키웠어요. 어떻게 키운 딸인데, 제 스스로 목숨을 끊었네요."

딸이 어릴 때부터 그녀는 혼자 힘으로 분식집을 운영하며 힘겹게 살아왔다. 오랜 시간 곁에 있어주지 못해서 미안했지만, 먹고살기 위해 딸과 많은 시간을 함께할 수는 없었다. 한때는 엄마와 떨어지기 싫다고 떼쓰던 어린아이였지만, 어려운 가정 형편을 이해하는 철든

딸로 자랐다. 공부 잘하는 모범생이던 딸은 휴학을 거듭하며 아르바이트를 해 학비와 생활비를 스스로 벌며 대학을 졸업했다. 연애 한 번 제대로 해보지 못한 순진한 딸은 졸업 후 곧바로 입사했다.

그러다 우연히 한 남자를 만나 사랑에 빠졌는데, 그는 흔히 말하는 '나쁜 남자'였다. 유흥업소에서 웨이터로 일하는 그는 곱상한 얼굴에 잘 차려입고 모든 여자들에게 매너 있는 태도를 자랑했지만, 자기 여자가 된 사람에게만은 예외였다. 술 마시고 여자 만나기가 일상인 그는 자주 바람을 피웠고 여자친구에게 함부로 대하기 일쑤였다. 쉬는 날이면 하루 종일 인터넷게임을 했고 도박에도 손을 댔다. 하지만 딸은 그 남자에게 더더욱 빠져들며 순정을 바쳤다. 회사에서 번 돈으로 남자의 뒷바라지를 하면서 언젠가는 그가 바뀔 거라고 생각했던 것이다.

그녀는 딸이 사랑한다는 남자가 마음에 들지 않았다. '저 남자가 언제 정신을 차리나.'라는 걱정에 잠들지 못하는 날도 많았다. "헤어져라, 거리를 두어라."라며 잔소리를 해도 딸은 말을 듣지 않았고 둘의 관계는 깊어지기만 했다.

"엄마, 제발 조금만 더 기다려줘. 이 사람 정말 좋은 사람으로 만들어볼게."

딸은 사랑이라는 이름으로 마지막 희망을 놓지 않았다. 하지만 남자는 변하지 않았고, 다른 여자들을 만나며 여자친구에게 깊은 상처를 남겼다. 남자친구의 집에서 다른 여자가 나오는 모습을 본 그녀의 딸은 자신이 헌신적으로 사랑했던 남자의 눈을 바라보며 마지막으로 물었다.

"날 사랑하기는 하는 거야?"

"글쎄, 피곤하네. 자꾸 이럴 거면 헤어지자. 질린다."

배신의 아픔으로 눈물 범벅이 된 그녀를 두고 남자는 차갑게 돌아섰다. 남자에게 버림받은 딸은 그의 휴대전화에 마지막 문자메시지를 남겼다.

"후회 없을 만큼 사랑했어. 나 죽을 거야. 와서 직접 내 시신을 거두어줘."

상실, 죽을 것 같은 고통 앞에서

그녀는 며칠 동안이나 딸과 연락이 되지 않아 답답했다. 회사 근처에서 자취를 하는 딸에게 혹여 무슨 일이라도 생겼을까 걱정되어 하루에 한두 번은 꼭 전화통화를 했는데, 사나흘이 지나도록 연락이 되지 않았다. 걱정과 불안에 시달리다가 결국 딸이 사는 자취방으로 달려갔다. 초인종을 눌러도 아무런 대답이 없자 비밀번호를 누르고 현관문을 열었는데, 그녀는 까무러칠 만큼 놀랄 장면을 목격했다.

목을 매달아 스스로 목숨을 끊은 딸이 눈앞에 있었다.

"현경아, 왜 그랬니… 어째서 엄마를 두고 갔니… 으흐흐흐흑"

그녀는 충격으로 자리에서 쓰러져 오열했다. 한동안 말을 잃은 채 정신이 아득해졌다. 하지만 딸을 저렇게 둘 수 없다는 생각에 마음을 추슬렀다. 당장이라도 쓰러질 듯이 고통스러웠지만 딸을 보내기 위해 사람들에게 전화를 하고 시신을 직접 거두었다.

그녀는 딸의 장례를 치르며 남편 없이 혼자 아이를 길러온 과거가 떠올랐다. 밤늦게 일을 끝내고 집에 돌아올 때면 늦은 저녁 식사를 차려놓고 환하게 웃던 딸아이의 모습이 눈에 선했다.

"엄마, 배고프지? 나 이제 된장찌개도 잘 끓여."

딸의 목소리가 생생하게 들리고 딸의 체취가 곁에서 느껴졌지만 현실은 고통뿐이었다. 눈앞에서 죽음을 목격하고 직접 장례를 치렀지만 딸아이가 더이상 존재하지 않는다는 사실은 받아들이기 힘들었다. 살아 있다고 믿고 싶었지만, 사랑스러운 딸이 고개를 늘어뜨린 채 차가운 시신이 되어 있던 광경이 머릿속에서 사라지지 않았다.

자살, 그리고 살아남은 자의 슬픔

"내 삶도 이제 의미가 없어. 나도 죽어버려야겠다."

그녀는 생의 의지를 잃어버렸고, 거듭되는 자살충동에 결국 입원까지 하게 되었다. 면담실에서 마주한 그녀는 작고 힘없는 목소리로 말을 이었다.

"선생님, 죽고 싶다는 생각을 떨쳐버릴 수가 없네요."

"누군가 떠나고 남겨진 사람들의 고통은 말로 다할 수가 없지요…."

"이 고통을 견딜 수가 없어요, 선생님. 끝내고 싶어요."

"하지만…○○님마저 떠나신다면, 남겨진 사람들이 겪어야 할 아픔은 얼마나 클까요? 누군가에게 그 고통이 이어진다면요…."

세상이 잿빛인 이들에게 자살은 달콤한 유혹이 될 수 있다. 우울증을 겪는 이들에게 삶은 순간순간 숨 쉬는 것이 고통스러울 만큼 아픔의 연장이기 때문이다. 따라서 삶의 고통을 없애기 위해서는 '죽음'으로 도피해야 한다는 결론을 내리고는 한다. 죽으면 마음의 고통이 끝날 거라고 생각하는 것이다. 또한 사랑하는 사람에게 배신당하거나 누군가에게 학대를 받은 경우 자살로 생을 마감함으로써 상대에게 복수하겠다는 생각도 한다.

"내가 죽으면 당신은 평생 죄책감을 안고 살아가게 될 거야."

자살은 주변 사람들에게 철저하게 복수하는 방법이다. 남겨진 사람들은 평생 마음의 짐을 안고 살아갈 수밖에 없다.

'내가 더 잘해주었더라면, 내가 그런 말을 하지 않았더라면 그가 자살하지 않았을까…? 자살할 거라는 걸 미리 알지 못하고 미리 막지 못해서…. 그렇게 남겨둘 수밖에 없어서….'

후회는 가슴을 짓누르지만 시간을 되돌릴 수는 없다. 밤을 새며 울고 미안하다고 울부짖어도, 세상 모든 신에게 기도드리고 영혼까지 바치겠다고 맹세해도 죽은 사람을 다시 이승으로 데리고 올 수는 없다. 자살은 가족과 타인에게 가하는 철저한 복수지만, 세상에서 가장 어리석고 고통스러운 복수다. 우울한 삶보다 더한 아픔은 스스로 목숨을 끊는 비극이기 때문이다.

실제로 자살을 시도하는 많은 사람들은 죽기 바로 직전에 후회하며 삶에 미련을 갖는다고 한다. 죽음을 눈앞에 두고서야 이제껏 깨닫지 못했던 삶에의 동력을 자기 안에서 발견하는 것이다. 숨겨져 있던 삶에의 의지를 죽기 직전에야 알아차리게 된다면 이 얼마나 슬픈 일인가.

자살하는 사람들의 심리

살아 있는 존재라면 누구든 죽음은 두렵고 피하고 싶은 일이다. 하지만 아이러니하게도 자살은 전 세계적으로 10대 사망 원인 중 큰 비중을 차지한다. 우리나라에서도 한 해 수천 명이 자살한다. 자살은 신체적 질병을 제외하면 교통사고 다음으로 사망률이 높다. 최근에는 유명 연예인들의 잇따른 자살 때문에 집중 조명을 받으며 사회 문제로 떠올랐다. 이렇듯 우리 사회의 높은 자살률은 스스로 죽음을 선택하는 이들의 심리를 간과해서는 안 된다는 경고 메시지를 던지고 있다. 자살은 본인에게도 매우 비극적인 선택일 뿐만 아니라, 남겨진 이들에게는 이루 말할 수 없는 고통과 죄책감을 지우는 어리석은 선택이다.

대체 왜 스스로 목숨을 끊는 극단적인 선택을 하는 것일까? 자살하는 사람들의 심리는 무엇일까?

우울증, 절망감의 늪에 빠지다

자살자들의 90%는 정신장애를 앓고 있다. 이들 중 약 80%가 우울증을 앓고 있으며 나머지는 정신분열증이나 알코올의존과 같은 문제가 있다. 우울증은 마음의 감기라고 불릴 정도로 흔한 정서장애지만, 우울증의 늪은 생각보다 깊어서 전문가에게 제때 치료받지 않으면 헤어나기가 어렵다.

우울증에 걸리면 뇌의 기능이 저하되면서 합리적인 판단을 하기 어려워지고 충동을 조절하기도 어려워진다. 또한 인지적으로 모든 것을 비관적으로 해석하는 경향이 강해진다. 좋지 않은 일은 자기 탓을 하며 이 일이 영원히 지속될 것이라고 생각하고, 좋은 일은 남의 덕으로 돌리거나 운에 귀인하는 등 부정적인 사고습관이 깃드는 것이다 (이런 사고경향은 우울증의 원인이기도 하고 결과이기도 하다). 자기 자신과 주변 환경, 미래에 대해 암울하게 생각하며 앞날에 대한 희망을 발견하지 못한다. 결국 절망감에서 헤어나지 못하는 것이 자살로 이어질 수 있다.

절망감은 고통스러운 상황이 해결될 수 없거나 앞으로 더 악화될 것이라는 미래에 대한 비관적인 예상을 의미한다. '아무런 희망이 없는데 더이상 살아서 뭐하나.'라는 결론에 도달하는 것이다. 결국 삶의 고통에서 도피하기 위한 방법으로 자살을 택한다는 것이다. 숨을 쉬며 살아가는 것조차 고통스러운 이의 마지막 도피처가 자살이라고 한다.

충동적인 순간의 선택

충동적인 순간의 선택으로 자살하는 경우도 많다. 예를 들어 부부싸움을 하다가 집안에 불을 질렀다거나 아파트에서 뛰어내려 목숨을 잃는 사례가 있다. 혹은 연인과 이별한 후 순간적인 고통을 못 이기고 극단적인 선택을 하는 경우도 있다. 이런 상황에서 자기 자신을 죽인 가해자는 동시에 무모한 충동성의 희생양이 된다.

타인에 대한 수동적이고 공격적인 복수

자신에게 고통을 준 이들에 대한 수동적인 복수의 방법으로 자살을 택하기도 한다. 자신을 이해해주지 않고 공부만 하도록 강요하는 부모가 미운 10대 청소년, 학교폭력을 멈추지 않는 가해학생에 대한 분노를 해결할 길 없는 피해학생 등 고통스러운 상황을 스스로 해결할 힘이 없는 무력한 희생양이 택하는 마지막 선택이 자살이 되고는 한다.

자살을 예방하기 위한 방법들

자살을 막으려면 어떻게 해야 할까? 우선 우울증이나 조울증과 같은 정서장애, 혹은 알코올의존과 같은 약물 문제가 있다면 하루라도 빨리 치료받는 것이 좋다. 자살로 이어질 수 있는 마음의 병이므로 전문가의 도움을 받아야 한다.

하지만 자살 위험이 높은 사람이 스스로 치료기관을 찾는 경우가 많지 않다. 그러므로 우리 모두가 자살의 단서를 알아두고 옆의 사람이 위험에 처해 있을 때 도움의 손길을 건넬 수 있어야 한다.

자살을 암시하는 단서는 무엇일까? 자살을 시도하는 이들은 자살의 뜻을 직간접적으로 비춘다. "죽고 싶다, 살고 싶지 않다."라는 이야기를 직접 하는 것은 심각한 위험 경보다. 자살의 위험에 처한 이들은 자살, 죽음에 대해 자주 언급하며, 자살과 관련된 책을 찾아보거나 인터넷에서 정보를 검색하기도 한다. 신변을 정리하고 물건을 나누어주거나 유서를 쓰기도 하며, 평소에는 하지 않던 안부전화를 하거나 문자메시지를 보내는 경우도 있다. 감정기복이 심하거나 분노의 감정을 주체하지 못하기도 하지만, 때로는 평소보다 더욱 차분하고 침착하게 세상을 통달한 듯한 미소를 짓고 다닌다.

이렇듯 주변 사람이 자살에 대한 단서를 보일 때, 덮어두지 말고 대화를 통해 정서적으로 지지해주고 구체적인 생각을 들어볼 필요가 있다. 이때 전문기관의 도움을 받도록 하는 것과 정서적 지지가 무엇보다 중요하다. 우리 모두 자살의 위험성이 어느 정도인지 알고 민감하게 대처할 수 있는 자살예방가가 되어야 한다.

정신건강전문가들은 자살을 막기 위해 어떤 개입을 할까? 전문가들은 내담자를 만나면 자살의 위험성에 대해 면밀하게 평가한다. 자살을 시도한 경험이 있는지, 구체적으로 자살을 계획하고 있는지 등 자살 제스처에 대해 자세히 평가한다. 자살 가능성이 있다고 생각되면, 가족들에게 위험성을 알리고 주의 깊게 관찰하며 이 문제부터 시급하게 다룬다. 또한 내담자가 자살 충동에 휩싸일 때 언제든 연락이 닿아 정서적으로 지지해줄 수 있는 기관과 안정될 수 있도록 도와줄 수 있는 사람의 연락처를 확보해두도록 하며, 가족에게 밀착된 보호를 요청하고 필요하다면 입원치료를 권고한다.

믿을 수 있는 전문가를 찾는 방법——

국내에서는 상담센터를 개업하는 데 특별한 자격기준이나 법적 요건이 필요하지 않다. 즉 심리치료의 경우 관련법이 없기 때문에, 심리학이나 상담 공부를 제대로 하지도 않고 상담센터를 개업하는 경우도 있다. 게다가 각종 민간단체에서 돈과 시간만 들이면 쉽게 취득할 수 있도록 만든 자격증들이 난무하고 있고, 이름마저 비슷비슷해 어떤 자격기준을 통과한 상담자를 만나야 할지도 헷갈린다. 자격증이 심리치료의 전부는 아니겠지만, 특정 자격증의 경우 취득을 위해 매우 혹독한 수련과정과 감독, 수천 시간의 경력을 필요로 하기에 어느 정도 검증된 전문가를 배출한다고 할 수 있다. 따라서 도움을 받을 수 있는 심리상담센터를 찾아가기 전에 상담자가 심리상담에 대한 전문성을 가지고 있는지 확인할 필요가 있다.

상담자의 전문성을 확인하기 위한 쉬운 방법은 상담자가 졸업한 학교와 전공, 자격증, 상담경력을 확인하는 것이다. 학부 전공만으로 전문성을 얻기 힘든 심리학의 특성상, 대학원 전공과 석사학위 취득유무를 확인하는 것이 좋다. 따라서 우선 임상심리학대학원, 상담심리학대학원, 교육대학원(상담전공) 등

상담관련 대학원을 졸업했는지 확인하고 이어서 상담자가 소속된 학회와 자격증을 확인하는 것이 좋다.

한국심리학회에서 인정하는 상담 관련 자격증을 아래에 소개한다.

임상심리사 · 임상심리전문가

1. **자격증 명칭 :** 임상심리전문가

2. **발급받은 총 인원수(2012년 8월 10일까지) :** 임상심리전문가 803명, 임상심리사 334명

3. **자격증 소지자가 종사하는 직업 :** 병원에서의 심리평가 및 심리치료와 개인 개업(센터 운영), 대학교수 및 강사

4. **자격 규정 :** 임상심리전문가의 지도를 받아 실습을 할 수 있는 기관으로서, 정신과 또는 신경정신과가 설치되어 있는 병원 및 의원, 대학교의 학생생활 연구소 및 학생상담소, 심리클리닉, 정신보건센터, 이에 준하는 기타 기관 이 포함된다. 사실상 자신을 전담해서 지도감독 할 전문가가 있다면 어느 곳에서두 수련이 가능하다. 단 수련기간 중 최소한 1년 이상은 임상심리전 문가가 1인 이상 전임으로 근무하는 필수수련기관에서 수련해야 한다. 첫째, 입원시설이 있는 정신과 또는 신경정신과 병원 및 의원, 둘째, 수련생을 지도할 수 있는 실습여건을 갖춘 기관으로서 수련위원회의 추천을 통해 한국임상심리학회이사회의 인준을 받은 기관에서 수련해야 한다.

1. 자격증 명칭 : 정신보건임상심리사

2. 업무 범위 :

① 정신보건임상심리사

- 정신질환자에 대한 심리평가

- 정신질환자와 그 가족에 대한 심리상담

② 정신보건임상심리사, 정신보건간호사, 정신보건 사회복지사의 공통 업무 범위

- 사회복귀시설의 운영

- 정신질환자의 사회복귀 촉진을 위한 생활훈련 및 직업훈련

- 정신질환자와 그 가족에 대한 교육·지도 및 상담

- 법 제25조 제1항의 규정에 의한 진단 및 보호의 신청

- 정신질환 예방활동 및 정신보건에 관한 조사 및 연구

- 기타 정신질환자의 사회적응 및 직업재활을 위해 보건복지부장관이 정하는 활동

3. 자격 수여기관 : 보건복지부에서 수여하는 국가 자격증이다.

4. 자격증 취득 방법

① 정신보건임상심리사 1급

- 대학원에서 심리학을 전공하고(석사 학위 이상 소지자), 임상심리 필수 및 선택 과목을 이수한 후, 정신보건 수련 기관에서 3년 이상의 수련을 마친 후 임상심리학회에서 주관하는 자격시험을 통과하면

취득할 수 있다.

- 2급 정신보건임상심리사 자격 취득 후(자격증 발급일 기준) 만 5년 이상 정신보건 업무에 종사한 경력이 있으면, 별도의 시험 없이 경력에 대한 보건복지부의 심사 후 1급으로 승급된다.

② 정신보건임상심리사 2급

- 대학에서 심리학을 정공하고(학사 학위 이상 소지자), 임상심리 필수 및 선택 과목을 이수한 후, 정신보건 수련 기관에서 1년 이상의 수련을 마친 후, 임상심리학회에서 주관하는 자격시험을 통과하면 취득할 수 있다.

상담심리사

1. **자격증 명칭** : 상담심리사 1급(상담심리전문가), 상담심리사 2급(상담심리사)

2. **발급받은 총 인원수(2012년 8월 10일까지)** : 상담심리사 1급 794명, 상담심리사 2급 2350명

3. **자격증 소지자가 종사하는 직업(상담심리사 취업 현황)**

기관	인원수	기관	인원수
대학	약 110명	사설상담소	약 120명
대학 학생상담소	약 200명	청소년 상담기관	약 120명
기업체상담실 또는 연수원	약 20명	병원(의사 또는 간호사)	약 25명
사회복지기관	약 30명	교육청, 초·중·고등학교 또는 학원	약 60명
종교기관 부설 상담소	약 20명	정부 또는 지방자치기관	약 25명
여성상담기관	약 10명	청소년단체 또는 청소년 관련기관	약 20명
종교기관	약 20명		

4. 상담심리사 자격규정

① 상담심리사란? : 한국심리학회에서 인정한 상담심리사 자격을 취득한 사람

② 등급 : 상담심리사 1급(상담심리전문가), 상담심리사 2급(상담심리사)

③ 활용도 : 상담심리사는 현재 국내에서 가장 널리 인정받고 있는 상담 자격이다. 상담기관에 따라서는 구인광고 응시자격에 상담심리사 자격증 소지자를 명시하기도 한다. 국내의 어떤 상담기관에서든 기본적으로 본 자격증을 소지한 자가 취업시 우대를 받고 있다.

④ 발급받은 총 인우원수(2010년 3월까지) : 상담심리사 1급 656명, 상담심리사 2급 1,892명

부록 2

어려울 때 도움을 받을 수 있는 전문기관——

민간상담센터 : 일반

센터명	홈페이지
아주 심리상담센터	apcc.ajou.ac.kr
고려대학교 사회공포증 상담센터	www.ku-socialphobia.com
마음사랑 인지행동 치료센터	www.cbt.or.kr
마음사랑 상담센터	www.maumsarang.or.kr
마음사랑 아동·청소년 심리상담센터	www.childmaumsarang.co.kr
서울정신분석연구소	www.psychoanalysis.co.kr
심리플러스상담센터	www.psyplus.co.kr

민간상담센터 : 부부상담

센터명	홈페이지
고려대학교 부부상담연구소	www.couple119.net
목동가족치료연구소	www.mft.re.kr

자살 및 위급상황

센터명	홈페이지
중앙자살예방센터	www.spckorea.or.kr
한국자살예방센터	www.자살예방.com
서울시 자살예방센터	suicide.blutouch.net
한마음한몸 자살예방센터	www.3079.or.kr
생명나눔 자살예방센터	www.my-life.or.kr
사단법인 자비의전화	www.jabi24.org
한국생명의전화	www.lifeline.or.kr

인터넷중독

센터명	홈페이지
한국정보화진흥원 인터넷중독대응센터	www.iapc.or.kr

도박중독

센터명	홈페이지
중독예방치유센터	www.pgcc.go.kr

알코올 중독

센터명	홈페이지
한국음주문화연구센터	www.karf.or.kr
서울까리따스 알코올상담센터	www.cacc.or.kr
도봉 알코올상담센터	www.dbalcohol.or.kr
성남시 알코올상담센터	www.snac.or.kr
파주 알코올상담센터	www.alcoholcenter.org

안산시 알코올상담센터	ansanacc.or.kr
부산 알코올상담센터	www.busanacc.org
울산남구 알코올상담센터	www.ulsanalcohol.or.kr/main/main.html
수원시 알코올상담센터	www.kosacc.or.kr
인천 알코올상담센터	www.ickosacc.com
청주 알코올상담센터	www.cjacc.or.kr
달구벌 알코올상담센터	www.alcohol21.net
대구카톨릭 알코올상담센터	www.alcoholcenter.or.kr
전북전주 알코올상담센터	www.jalcohol.org
진주 알코올상담센터	www.jinjuacc.org
강원 알코올상담센터	alja.yonsei.ac.kr
춘천 알코올상담센터	www.alcoholfree.or.kr
마산 알코올상담센터	www.masanacc.or.kr
군산시 알코올상담센터	www.gunsanacc.org
제주 알코올상담센터	www.jejualcohol.org

청소년

센터명	홈페이지
한국청소년상담복지개발원	www.kyci.or.kr
Wee센터	www.wee.or.kr
서울특별시 청소년상담복지센터	www.teen1318.or.kr

아동 성폭력

센터명	홈페이지
여성아동폭력피해 중앙지원단	www.womannchild.or.kr
서울해바라기아동센터	www.child1375.or.kr
경기해바라기아동센터	www.sunflower1375.or.kr
인천해바라기아동센터	www.sunflowericn.or.kr
대구경북해바라기아동센터	www.csart.or.kr

광주전남해바라기아동센터	www.forchild.or.kr
전북해바라기아동센터	www.jbsunflower.or.kr
경남해바라기아동센터	www.savechild.or.kr
충청해바라기아동센터	www.1375.or.kr

아동 발달장애

센터명	홈페이지
종로아이존	jongnoaizone.or.kr

심리학과 관련된 정보를 얻을 수 있는 블로그──

정신과 병동의 심리학자 | **blog.cyworld.com/clinicalpsy**

『왜 나는 늘 허전한 걸까』 저자가 운영하는 개인블로그로, 임상심리학과 관련된 정보를 얻을 수 있다. 저자가 수련 시절부터 겪었던 일을 기록해둔 병원일기, 치료일기들을 비롯해 임상심리전문가가 되기 위한 과정에 대한 정보가 담겨 있다. 또한 정신장애에 대한 정보를 비롯해, 연애와 결혼 과정에서 겪는 심리적인 어려움이나 고충들을 다루는 방법에 대한 정보도 있다.

누다심의 심리학아카데미 **www.nudasim.com**

누다심은 '누구나 다가갈 수 있는 심리학을 꿈꾸는 이'라는 뜻이다. 심리학 칼럼니스트 강현식 씨가 운영하는 심리학아카데미 홈페이지다. 대인관계 개선 및 심리적 성장을 위한 집단상담과 개인상담 프로그램 등을 운영하고 있으며, 심리학에 관심이 있는 사람들을 위한 심리학강좌도 운영하고 있다. 심리학과 관련된 풍부한 정보를 담고 있는데, 특히 사회적이슈, 영화와 드라마, 스포츠 등 심리학과 다른 분야 간의 관계를 다룬 칼럼들이 유익하다.

월덴 3 walden3.kr

임상심리학자가 운영하는 임상심리학 전문사이트다. 심리학과 관련된 풍부한 정보를 얻을 수 있다. 일반인들에게도 유익한 심리학 칼럼뿐만 아니라, 심리학을 전공하는 상담자 입장에서 얻을 수 있는 정보들 또한 유익하다.

지뇽뇽의 사회심리학 블로그 jinpark.egloos.com

『눈치보는 나, 착각하는 너』의 저자인 사회심리학도 박진영 씨가 운영하는 블로그다. 사회심리학 연구들을 실생활과 연결하여 쉽고 재미있게 소개한다.

인지심리매니아 cogpsymania.tistory.com

성균관대학교 인지심리학 전공자가 운영하는 블로그로, 인지심리와 관련된 다양한 연구결과들을 번역해 소개한다.

성장과 치유의 마음 놀이터 www.cyworld.com/yoamy

작가이자 심리상담가인 선안남 씨가 운영하는 블로그다. 사랑 및 영화와 관련된 심리학 칼럼들을 읽을 수 있다. 특히 대중들의 마음을 울리며 위로하는 감성적인 글이 눈에 띈다.

내 증상을 확인하자, 체크리스트 ──

우울증

(1) 다음 중 5가지 증상이 연속 2주 이상 지속되거나, 적어도 1가지 증상이 우울한 기분 또는 흥미, 즐거움, 상실로 나타나는지 확인한다.

하루 대부분, 거의 매일 우울한 기분이 지속되거나 타인들이 우울한 것처럼 본다.	
거의 모든 일상 활동에 대한 흥미나 즐거움이 하루의 대부분 또는 거의 매일같이 뚜렷하게 저하되어 있다.	
체중조절을 하고 있지 않은데도 체중이 상당하게 감소하거나 증가했다. (예 : 한 달간 체중 5% 이상의 변화) 또는 거의 매일 식욕이 감퇴하거나 증가하는 현상이 나타난다.	
거의 매일 불면이나 과다수면이 나타난다.	
거의 매일 정신 운동성 초조나 지체가 나타난다.	
거의 매일 피로하거나 활력이 상실했다고 느낀다.	
거의 매일 무가치감을 느끼거나 지나친 죄책감을 느낀다.	
거의 매일 사고력이나 집중력이 감소하거나 우유부단함을 보인다.	
죽음에 대해 반복적으로 생각하거나 자살을 기도하거나, 구체적인 자살 계획이 있다.	

- 다만 우울한 기분이 사별에 의해 잘 설명되지 않는다. 하지만 사별 후에도 위의 증상들이 2개월 이상 지속되거나 심각할 경우에는 우울증을 고려한다.

(2) 위의 증상으로 인해 사회, 직업, 또는 다른 영역에서 심각한 고통과 손상을 경험한다.

조증

(1) 비정상적으로 의기양양하거나, 팽창되거나 과민한 기분이 적어도 1주간 지속된다.

(2) 다음 증상 가운데 3가지 이상이 지속되거나 심각한 정도로 나타난다.

팽창된 자존심 또는 심하게 과장된 자신감을 경험한다.	
수면에 대한 욕구가 감소한다(예 : 단 3시간 동안 수면을 취해도 충분하다고 느낀다).	
평소보다 말이 많아지거나 계속 말을 하게 된다.	
사고의 비약 또는 사고가 연달아 일어나는 주관적인 경험을 한다.	
중요하지 않거나 관계없는 외적 자극에 너무 쉽게 주의가 이끌리는 등 주의가 산만한 증상이 나타난다.	
목표 지향적인 활동이 증가하거나, 정신운동성 초조 증상이 나타난다.	
고통스러운 결과를 초래할 수 있는 쾌락적인 활동에 지나치게 몰두한다(예: 흥청망청 물건사기, 무분별한 성행위, 어리석은 사업 투자).	

사회공포증 ,

한 가지 혹은 그 이상의 사회적 상황이나 활동에 대해 현저하고 지속적인 두려움을 느낀다. 예를 들어 낯선 이들이나 타인에게 주목받을 수 있는 상황을 지나치게 두려워한다.	
두려워하는 사회적 상황에 노출될 때, 언제나 예외 없이 불안이 유발된다.	
이런 두려움이 너무 지나치거나 비합리적이라는 것을 스스로 인식한다 (아동의 경우에는 인식하지 못할 수도 있다).	
두려운 상황을 회피하려 하거나, 회피하지 못한 경우 강한 불안과 고통을 감내한다.	
이러한 두려움 때문에 정상적인 일상생활이나 직업, 사회활동이나 대인관계에 심각한 손상을 초래하거나 현저한 고통을 느낀다.	

외상후스트레스 장애

(1) 다음 2가지 항목에 부합되는 외상성 사건을 경험한 적이 있다.

자신이나 타인의 실제적이거나 위협적인 죽음이나 심각한 상해, 또는 신체적 안녕에 위협이 되는 사건을 경험하거나 목격 또는 직면했다.	
극심한 두려움과 무력감 또는 공포를 경험한다.	

(2) 다음 중 1가지 이상의 방식으로 외상사건을 반복해서 경험한다.

사건에 대한 고통스러운 기억이 반복적으로 집요하게 떠오른다.	
사건에 대한 반복적이고 고통스러운 꿈을 꾼다.	
마치 외상사건이 재발하고 있는 것 같은 행동이나 느낌을 경험한다.	
외상사건과 유사하거나 상징적인 내적 또는 외적 단서에 노출되었을 때 극심한 심리적 고통을 경험한다.	
외상사건과 유사하거나 상징적인 내적 또는 외적 단서에 노출되었을 때 생리적 반응이 나타난다.	

(3) 다음 증상 가운데 3가지(또는 이상)가 나타난다.

외상과 관련되는 생각이나 느낌 또는 대화를 회피한다.	
외상의 기억을 되살리는 활동이나 장소 또는 사람들을 회피한다.	
외상의 중요한 측면을 회상할 수 없다.	
중요한 활동에 대한 관심과 활동이 현저하게 저하된다.	
타인들로부터 소외감을 느낀다.	
감정에 대해 둔감해졌거나 줄어든 것처럼 보인다.	
단축된 미래에 대한 감각(예 : 직업, 결혼, 자녀 또는 정상적인 삶을 기대하지 않는다)을 경험한다.	

(4) 각성 증상이 다음 중 2가지 이상 발생한다.

잠이 드는 것이 곤란하거나 수면 상태를 유지하는 것이 어렵다.	
지나치게 과민해지고 짜증이 나거나 분노를 폭발한다.	
집중하기가 어렵다.	
과잉된 경계를 나타낸다.	
지나치게 놀라는 반응을 보이곤 한다.	

(5) 위의 증상 2, 3, 4이 1개월 이상 지속되었다.

(6) 위의 증상들로 인해 사회, 직업, 또는 다른 중요한 영역에서 심각한 고통과 손상을 경험한다.

알코올의존

지나치고 부적응적인 알코올 사용 양상이 다음 중 3개(또는 이상) 항목으로 지난 12개월 사이에 어느 때라도 나타난다.

내성*	
금단*	
의도한 것보다 많은 양의 술을 마시거나, 오랫동안 술을 마신다.	
음주를 중단하거나 조절하려고 계속 노력하지만 뜻대로 안 된다.	
술을 구하거나 (예 : 여러 의사를 방문하여 물질을 구하거나 먼 곳까지 물질을 구하러다닌다), 술을 사용하거나 술의 효과에서 벗어나기 위해 많은 시간을 보낸다.	
음주로 인해 중요한 사회적 · 직업적 활동 및 여가 활동을 포기하거나 줄인다.	
음주로 인해 지속적이고 반복적으로 신체적 · 정신적 문제가 생긴다는 사실을 알면서도 계속 술을 마신다.	

* 내성의 경우 아래 2가지가 지속될 경우 해당한다.

  • 원하는 효과를 얻기 위해 매우 많은 양의 술을 마신다.

  • 동일한 용량의 술을 마셔도 효과가 현저하게 감소되어 나타난다.

* 알코올 섭취를 중단한 후 몇 시간 또는 며칠 이내에 다음 중 2가지 징후가

  발생한다면 금단 증상이다(자율신경계항진, 손떨림 증가, 불면증, 메스꺼움 및 구

  토, 일시적인 환각 또는 착각, 정신운동성 초조, 불안, 대발작).

섭식장애

1. 거식증

나이와 키에 적합한 최소한의 정상 체중 수준이나 그 이상의 체중을 유지하기를 거부한다.	
낮은 체중임에도 불구하고 체중 증가와 비만에 대해 극심한 두려움을 느낀다.	
체중과 체형을 체험하는 방식이 왜곡되고, 체중과 체형이 자기평가에 지나친 영향을 미치며, 낮은 체중의 심각함을 부정한다.	
적어도 3회 연속적으로 월경을 하지 않는다.	

2. 폭식증

(1) 반복적으로 다음과 같은 폭식 증상이 나타난다.

유사한 상황에서 사람들 대부분이 동일한 시간 동안(예 : 2시간 이내) 먹는 것보다 분명하게 많은 양의 음식을 먹는다.
먹는 데 대한 조절 능력을 상실한 느낌이다(예 : 먹는 행동을 멈출 수 없으며, 무엇을 또는 얼마나 많이 먹어야 할 것인지를 조절할 수 없다는 느낌을 받는다).

(2) 스스로 유도해서 구토하거나 하제, 이뇨제, 관장약, 기타 약물의 남용, 또는 금식이나 과도한 운동 등 체중 증가를 억제하기 위한 반복적이고 부적절한 행동을 한다.

(3) 폭식과 부적절한 보상행동 둘 다 평균적으로 적어도 1주 2회씩 3개월 동안 일어난다.

(4) 체형과 체중이 자아 평가에 과도한 영향을 미친다.

성격장애

1. 편집성 성격장애

타인들의 동기를 악의에 찬 것으로 해석하는 등 광범위한 불신과 의심이 성인기 초기에 시작되어 여러 가지 상황에서 나타나며 다음 중 4개(또는 그 이상) 항목을 충족한다.

충분한 근거가 없는데도 타인들이 자신을 착취하고 해를 주거나 속인다고 의심한다.
친구나 동료의 성실성이나 신용에 대해 부당하게 집착해서 의심한다.
정보가 자신에게 악의적으로 사용될 것이라는 부당한 공포 때문에 터놓고 이야기하기를 꺼린다.
사소한 말이나 사건 속에서 자기의 품위를 손상시키려 하거나 숨겨진 의도를 해석한다.

원한을 오랫동안 풀지 않는다. 예를 들면 자신을 향한 모욕, 상해, 혹은 경멸을 용서하지 않는다.	
충분한 근거가 없는데도 자신의 성격이나 명성이 공격당했다고 느끼고 즉시 화를 내거나 반격한다.	
이유 없이 배우자나 성적 상대자의 정절에 대해 자꾸 의심한다.	

2. 경계선 성격장애

대인 관계, 자기상, 그리고 정동(情動)에서 불안정성과 심한 충동성이 광범위한 양상으로 나타나며 이러한 특징적 양상은 성인기 초기에 시작해 여러 가지 상황에서 일어난다. 다음 중 5가지(또는 그 이상) 항목을 충족한다.

실제적 또는 가상적 유기(imagined abandonment)를 피하기 위해 필사적으로 노력한다(주의 : 자살이나 자해행위는 포함되지 않음).	
극단적인 이상화(idealization)와 평가절하 사이를 오가며 불안정하고 강한 대인관계 패턴을 보인다.	
정체감 장애 증상을 보인다. 현저하게, 지속적으로 드러나는 불안정한 자기상 또는 자기지각을 경험한다.	
잠재적인 자해 충동성이 적어도 2가지 영영에서 나타난다(예 : 낭비, 성, 물질남용, 폭식) (주의 : 자살이나 자해행위는 포함되지 않음).	
반복적 자살행동, 자살 시늉, 자살 위협, 또는 자해행위 증상을 보인다.	
기분의 급격한 반응으로 인해 정동의 불안정성이 나타난다(예 : 간헐적인 심한 불쾌감, 과민성, 불안 등이 수시간 정도 지속되지만 수일은 넘지 않음).	
만성적인 공허감을 느낀다.	
부적절하고 심한 분노 또는 분노조절 곤란 증상을 보인다(예 : 잦은 분노 노출, 지속적인 분노, 반복되는 몸싸움).	
스트레스 관련 편집증적 사고 또는 심한 해리 증상을 보인다.	

3. 연극성 성격장애

광범위하고 지나친 감정 표현 및 관심끌기 행동이 성인기 초기에 시작해 여러 가지 상황에서 나타나며, 다음의 5개(또는 그 이상) 항목을 충족한다.

자신이 관심의 초점이 되지 못하는 상황이면 불편하다.	
상황에 어울리지 않게 성적으로 유혹적이거나 도발적인 행동을 보인다.	
빠른 감정의 변화 및 감정 표현의 천박성(감정 표현이 얕음)을 보인다.	
관심을 끌기 위해서 항상 육체와 외모를 이용한다.	
지나치게 인상적으로 말하면서도 내용은 없는 대화 양식을 보인다.	
자기 연극화, 연극조, 과장된 감정 표현을 한다.	
피암시성이 높다(예 : 타인 또는 환경에 의해 쉽게 영향을 받음).	
대인관계를 실제보다 더 친밀한 것으로 생각한다.	

4. 회피성 성격장애

사회활동의 제한, 부적절감, 그리고 부정적 평가에 대한 과민성 등이 성인기 초기에 시작해 여러 가지 상황에서 나타나며, 다음 항목 가운데 4개(또는 그 이상)를 충족한다.

비난, 꾸중, 또는 거절이 두려워서 대인관계가 요구되는 직업 활동을 회피한다.	
호감을 주고 있다는 확신이 서지 않으면 상대방과의 만남을 피한다.	
창피와 조롱을 당할까 두려워서 친밀한 관계를 제한한다.	
비난을 듣거나 버림받을 것이라는 생각에 사로잡혀 있다.	
자신이 부적절하다고 느끼기 때문에 새로운 사람과 만날 때는 위축된다.	
스스로를 사회적으로 무능하고, 개인적인 매력이 없으며, 열등하다고 생각한다.	

쩔쩔매는 모습을 들킬까 봐 두려워서 새로운 일이나 활동을 시작하기를 꺼린다.	

5. 강박성 성격장애

정리정돈에 몰두하고, 완벽주의, 마음의 통제와 대인관계의 통제에 집착하는 등 광범위한 행동 양식을 보인다. 이런 특징은 융통성, 개방성, 효율성의 상실 이라는 대가를 치르게 한다. 성인기 초기에 시작해 여러 상황에서 나타나며, 다음 항목 가운데 4개(또는 그 이상)를 충족한다.

사소한 세부사항, 규칙, 목록, 순서, 시간 계획이나 형식에 집착해서 일의 큰 흐름을 잃고 만다.	
일의 완수를 방해하는 완벽주의를 보인다(예 : 자신의 지나치게 엄격한 표준에 맞지 않기 때문에 계획을 마칠 수가 없다).	
여가활동과 우정을 나눌 시간도 희생하고 지나치게 일과 생산성에만 몰두한다(분명한 경제적 필요성 때문이 아니다).	
도덕, 윤리 또는 가치 문제에 있어서 지나치게 양심적이고, 고지식하며, 융통성이 없다(문화적 또는 종교적 배경에 의해서 설명되지 않는다).	
감상적인 가치조차 없을 때라도 닳아 빠지고 무가치한 물건을 버리지를 못한다.	
타인이 자신의 방식을 그대로 따르지 않으면 일을 맡기거나 같이 일하기를 꺼린다.	
자신과 타인 모두에게 인색하다. 돈은 미래의 재난에 대비해서 저축해야 한다고 생각다.	
경직성과 완고함을 보인다.	

『왜 나는 늘 허전한 걸까』
저자와의 인터뷰

Q 『왜 나는 늘 허전한 걸까』를 소개해주시고, 이 책을 통해 독자에게 전하고 싶은 메시지는 무엇인지 말씀해주세요.

A 이 책은 임상심리학을 전공한 제가 병원에서 임상가로 일하면서 쌓은 경험을 녹인 책입니다. 수년간 많은 내담자를 만나면서 다양한 마음의 상처들을 들여다보았습니다. 심리학과 정신의학의 힘을 빌려 심리치료를 하는 사람으로서 제가 얻은 지혜를 좀더 많은 이들과 나누고자 하는 바람으로 이 책을 썼습니다.

이 책에서 말하는 허전함은 다양한 현상으로 나타납니다. 우울하거나 불안할 수도 있고, 불만족감이나 공허한 느낌, 결핍된 느낌이 지속되는 막연한 갈증일 수도 있습니다. 배우자나 연인에 대한 집착으로 나타날 수도 있고, 막연한 분노나 신체증상으로 나타날 수도 있습니다. 공통적인 것은 채워지지 않는다는 느낌입니다. 마음속에 자리 잡은 결핍은 다양한 마음의 병으로 나타나고, 우울증이나 조울증, 불안장애, 섭식장애, 망상장애와 같은 현상으로 나타납니다. 저는 『왜 나는 늘 허전한 걸까』를 통해 현대인들을 괴롭히는 여러 모습의 허전함에 대해 다루고자 했습니다. "무엇이 문제의 근원인 걸까?" "마음의 갈증을 어떻게 해결하면 좋을까?" "충만한 삶을 위해 일상에서 실천할 수 있는 것은 무엇일까?"라는 질문에 대한 지혜를 나누고자 했습니다.

Q 사람들은 허전하다는 말을 많이 합니다. 허전함을 느끼는 이유는 무엇인가요?

A 이유도 없는 막연한 갈증, 불만족감, 결핍감, 공허감, 채워지지 않는 느낌 등 허전함은 다양한 용어로 정리될 수 있습니다. 아마 사람들마다 느끼는 허전함의 종류도 다를 것이고, 저마다 가진 허전함의 이유도 다를 것입니다.

하지만 인간은 근본적으로 채워지지 않는 느낌을 가질 수밖에 없다고 생각합니다. 막연히 던져진 세상에서 실존하는 이유와 삶의 이유를 스스로 찾아야 하기 때문이고, 살아가는 의미를 스스로 부여해야 하기 때문입니다. 또한 어머니의 배 속에서 편안하게 보호를 받던 때처럼 누군가와 무조건적으로 연결되기를 갈망하지만, 물리적으로 분리된 개체라는 것을 늘 확인하며 살아갑니다. 그래서 친구와 연인에게 집착하고, 가족들에게 투정을 부리며, 술이나 쇼핑, 인터넷과 같은 무엇인가에 중독되기도 하지만 채워지지 않는 느낌은 여전합니다.

인간은 허전함을 경험하며 안고 갈 수밖에 없다고 생각하지만, 다르게 생각하면 이 허전함은 충만감을 향한 동력이 되기도 합니다. 타인과 만족스러운 관계를 맺고 이타주의나 승화를 통해 인간은 충만감을 느낄 수 있다고 합니다. 허전함을 일종의 심리적 성장을 위한 동력으로 생각할 수 있지 않을까요?

Q 허전함에도 종류와 증상이 있나요?

A 정신의학적 용어로 '허전함'이라는 공식 용어가 있지는 않지만, 앞서 말씀드렸듯이 『왜 나는 늘 허전한 걸까』에서는 사람들이 저마다 가진 허전함이 드러내는 다양한 모습들을 다루고 있습니다. 허전함이 개인이 가진 정신적 상처와 연관될 때, 혹은 건강한 충만감을 찾는 방법을 모를 때, 마음속에 자리 잡은 결핍감이 여러 얼굴로 나타나는 거죠. 자기의 외모에 대한 불만족감과 채워지지 않는 느낌은 성형중독이나 거식증, 폭식증과 같은 모습으로 나타나기도 하고, 가난에 대한 열등감과 채워지지 않는 부에 대한 갈망은 명품중독이나 허세와 같은 모습으로 나타나기도 합니다.

어린 시절 애착관계가 안정적으로 이루어지지 않아 생긴 결핍감은 현재의 관계에서 파괴적인 패턴을 반복하는 방식으로 나타나기도 하고, 낮은 자존감과 열등감은 주변의 타인을 돌보지 않는 지나친 완벽주의나 일중독으로 나타나기도 합니다. 이런 허전함의 여러 얼굴에 대해 이 책에서 다루고 있습니다.

Q 외로움과 허전함은 다른 말인 것 같습니다. 누군가와 함께 있어도 허전함을 느낍니다. 허전하면 외로워서 그런 줄 알고 누군가를 찾지만, 허전함은 채워지지 않습니다. 외로움과 허전함의 차이는 무엇인가요?

A 외로움은 타인과의 관계를 가정하는 반면, 허전함은 꼭 그렇지 않다고 봅니다. 즉 외로움이 타인과의 관계에 대한 바람이나 혼자라는 것에 대한 쓸쓸함의 의미를 내포한다면, 허전함은 타인과의 관계를 꼭 가정하지는 않습니다. 우리들은 타인과의 관계 속에서도 허전함을 느낄 수 있지만, 오직 자기 존재와 관련된 허전함을 느끼기도 합니다. 타인과의 관계가 돈독해서 외롭지 않다고 하더라도 본인은 허전함을 느낄 수 있는 것입니다. 좋은 배우자를 만나 자녀를 낳고 가정을 꾸려 시끌벅적하게 살아가는데도 채워지지 않는 공허한 느낌을 호소하는 분들이 많습니다. 어린 시절에 해결하지 못한 트라우마, 풀지 못한 채 쌓아온 마음의 상처, 여전히 물음표로 남은 실존적 의문 등 허전함이 오직 자신과의 관계에서 오기도 하기 때문입니다.

Q 사랑하는 사람이 옆에 있는데도 왜 우리는 허전함을 느끼는 건가요?

A 앞에도 말씀드렸듯이 외로움이 해결된다고 해서 반드시 허전함이

채워지고 충족감을 느끼는 건 아닙니다. 풀리지 않는 자기만의 심리적 이슈가 있을 수도 있고, 자기 문제로 인해 연인과 풀리지 않는 고통스러운 관계 패턴을 반복하고 있을 수도 있기 때문입니다. 연인관계는 일종의 공생관계를 거치기도 하지만, 결국 연인과 물리적·심리적으로 온전히 하나가 될 수는 없다는 사실을 확인하는 과정, 심리적으로 독립하는 과정을 거칠 수밖에 없습니다.

돈독하고 친밀한 관계 속에서도 자기의 경계를 세울 수 있어야 건강한 관계라고 할 수 있기 때문입니다. 아마 인간이 가진 이러한 한계 때문에 근원적으로 채워지지 않는 허전함이 있을 수 있습니다. 하지만 그 때문에 우리들은 또다시 관계를 추구하고, 타인과 함께 있다는 것을 확인하며 서로 의지하는 것 같습니다.

Q 허전함은 채우고 채워도 여전히 허전한 것 같습니다. 왜 채워도 허전함이 느껴지는 것일까요?

A 인간에게는 꼭 병적인 것이 아니라도 근본적인 허전함이 존재합니다. 아마 평생 동안 늘 허전함에서 자유롭고 충만하기만 한 사람은 없겠지요. 무언가 충족했다는 느낌을 가졌다가도, 또다시 채워지지 않는 느낌을 경험하곤 하는 것이죠. 우리들은 무의식중에 허전함에서 벗어나기 위한 방법을 찾고, 무언가에 빠져들거나 성취를 추구하고, 어딘가에 몰입함으로써 허전함을 잊기도 합니다. 아마도 충만감을 갖기 위한 방법이 건강한가 아닌가에 따라서 허

전함이 드러내는 얼굴도 달라지는 듯합니다. 어떤 행동을 취하느냐에 따라 허전함은 성장을 위한 동력이 되기도 하는 것 같거든요. 그래서 여러 종교인들과 심리학자들이 충만해지는 느낌을 갖기 위한 지혜를 말하고 있나 봅니다.

Q 허전할 때면 술, 단것, 게임 등 뭔가에 매달립니다. 허전함과 중독은 어떤 관계에 있나요?

A 자극적인 것에 몰두할 때 허전함을 잊을 수 있기에 사람들은 무언가에 중독되고는 합니다. 술에 취함으로써 삶이 주는 무게들을 벗어던졌다고 생각하지만, 착각일 뿐 다시 현실로 돌아오면 모든 것은 그대로고 마음의 허전함도 여전합니다. 그러면 또다시 술을 찾습니다. 인터넷게임에 중독되는 것도 마찬가지입니다. 자극적인 게임에 몰두함으로써 막연히 충족되지 않는 느낌, 부족하다는 느낌, 낮은 자존감, 결핍감으로부터 도피하게 됩니다.

하지만 현실은 여전히 변하지 않지요. 허전함을 옆에 두고 잠시 눈을 감아버린 것뿐이기에 텅 빈 마음은 그대로입니다. 그래서 또다시 게임에 빠져듭니다. 쇼핑중독, 성형중독, 음식중독, 관계에 대한 중독도 마찬가지입니다. 중독물질을 탐닉하는 순간에는 마음이 채워지는 것 같지만 결국은 거짓된 충만감이기에 파괴적인 결과를 가져옵니다. 중독의 악순환은 결국 허전함을 깊게 만듭니다.

Q 허전함과 마음의 상처는 밀접한 관계에 있다는 생각이 듭니다. 허전함을 넘어서기 위해 마음의 상처는 어떻게 치유해야 하나요?

A 저마다 가진 마음의 상처가 다르므로 일반화할 수는 없습니다. 하지만 마음의 상처는 그저 자연치유되는 경우가 드물다고 봅니다. 세월이 가면 잊힌다는 말도 있고, 상처야 잊어버리면 그만이라는 말도 있지만, 고통을 억압하면 오히려 더 큰 반동을 부를 수 있습니다. 어린 시절에 해결하지 못한 트라우마가 있다면, 조심스럽게 직면하는 과정을 거치고 애도과정을 거쳐야 합니다. 풀지 못한 감정들도 적절한 방법으로 해소하는 과정이 필요합니다. 안전한 환경에서 지내면서, 심리적으로 믿고 의지하는 타인에게 털어놓고 경험을 공유하며 공감받고 애도하고 연민하면 가장 좋겠지만, 그럴 수 없는 상황이라면 심리치유와 관련된 심리학 서적을 읽으며 자신의 경험을 돌이켜보는 것도 좋습니다.

Q 허전함이 물밀듯이 밀려올 때, 어떻게 해야 허전함을 현명하게 대처해나갈 수 있을까요?

A 허전함이 물밀듯이 밀려올 수도 있지만, 결국은 썰물처럼 빠져나간다는 사실도 알고 있으면 됩니다. 그 감정에 압도되지 않으면 되는 것입니다. 고통스러운 감정은 그저 감정일 뿐이라는 것을 되새기며 자신과 분리해야 합니다. 앞문으로 들어왔던 것은 다시 뒷문으로 빠져나간다는 사실을 깨달아야 하는 것이죠.

만약 허전함을 못 이겨 파괴적인 행동을 하고 있다면 멈추어야 합니다. 음주에 빠지거나 폭식과 구토를 일삼는 행동, 감당할 수 없는 쇼핑에 빠지는 행동을 예로 들 수 있습니다. 구체적인 방법은 책 본문에서 좀더 자세히 다루고 있습니다.

Q 완벽주의와 허전함은 동전의 양면 같습니다. 완벽해질수록 허전함을 느끼는 이유는 무엇인가요?

A 적당하게 열심히 하는 것은 좋지만, 지나친 완벽주의는 결국은 질 수밖에 없는 게임을 하는 것과 마찬가지입니다. 완벽주의가 너무 심해서 일을 제대로 못 끝내 마감일을 못 지키고, 자신과 타인을 심하게 타박한다면 오히려 고통스러울 것입니다. 완벽에 집착하다 보면, 사소한 인간적인 결점도 눈에 띄고 작은 결함도 싫어지게 됩니다. 완벽하려고 노ㄴ력하지만, 마음은 더욱 충족되지 못하는 것입니다. 채워지지 않는 깨진 항아리를 메우는 것과 같다고 생각하시면 됩니다.

* 이 인터뷰 동영상 대본 내용을 다운로드받고 싶으시다면 소울메이트 홈페이지에 회원으로 가입하시면 됩니다. 홈페이지 상단의 '자료실-저자 동영상 대본'을 클릭하셔서 다운받으시면 됩니다.

권력과 인간의 진실을 해부하다!
마키아벨리의 군주론

니콜로 마키아벨리 지음 | 김경준 해제 | 값 13,000원

불멸의 고전인 『군주론』이 리더십의 정수를 꿰뚫는 인문서로 태어났다. 완독과 의미 파악이 쉽지 않았던 원문을 5개의 테마로 나누어 재편집했으며, 딜로이트 컨설팅 김경준 대표가 성실한 해제를 더해 완성도를 높였다있는 그대로의 세상을 이해할 자세가 마련되어 있는 사람에게 인간이 살아가는 현실에 대한 귀중한 통찰력을 주고자 한다.

인상적인 인상파 풍경을 걷다
인상파 그림여행

최상운 지음 | 값 17,000원

인상파 작품이 그려진 프랑스 각지의 매혹적인 장소를 찾아가서 그림을 되짚어보는 낭만 여행을 떠난다. 19세기를 살았던 인상파 화가들이 그린 매혹적인 프랑스 풍경은 지금 어떤 모습을 하고 있을까? 저자는 인상파 문화의 산실이었던 장소를 생생하게 묘사한다. 인상파 화가가 그림을 그렸을 19세기를 상상하며 글을 읽다 보면 마치 프랑스 도시를 직접 다녀온 것 같은 기분 좋은 착각에 빠져들 것이다.

남자의 내면을 이해하는 최고의 바이블!
그 남자는 도대체 왜 그럴까

런디 밴크로프트 지음 | 정미우 옮김 | 값 19,000원

이 책은 전 세계에서 100만 부 이상 판매되었고 독일, 일본, 중국, 태국 등 30여 개국에서 번역 출간되었다. 이 책은 학대하는 남자들의 내면으로 들어가는 문을 열어주었으며, 가학적인 남녀관계를 벗어날 수 있는 출구를 제시한 기념비적인 저작이다. 17년 동안 가정폭력과 학대하는 남자의 행동을 연구해온 미국 최고의 전문가인 저자는 정신적 · 육체적으로 여자를 학대하는 남자의 내면세계를 파헤치고 명쾌한 해결책을 제시한다.

엄마가 행복해야 아이도 행복하다!
엄마의 상처 떠나보내기

재스민 리 코리 지음 | 김세영 옮김 | 값 15,000원

늘 피곤해하고 화만 내는 엄마, 필요할 때 곁에 없는 엄마를 두었는가? 이 책은 어릴 때 충분한 사랑을 받지 못한 어른 아이들과 아이에게 충만한 사랑을 주고 싶은 엄마들을 위한 최고의 심리 지침서다. 저자는 엄마의 자리가 부족했던 사람들이 엄마에게 어떤 영향을 받았으며, 어떻게 해야 상처를 회복할 수 있는지 상세하고 친절하게 해법을 제시한다.

마음챙김으로 수줍음과 불안 치유하기
더 강해지지 않아도 괜찮아

스티브 플라워즈 지음 | 값 15,000원

적당한 수줍음은 신중함으로 받아들여지지만 지나친 수줍음은 타인과의 친밀한 관계 형성을 가로막기 때문에 문제가 되기도 한다. 미국의 저명한 심리치료사인 저자는 지나친 수줍음의 문제를 극복할 수 있는 마음챙김의 기술과 지혜를 소개한다. 이 책은 열린 마음으로 행복한 인생을 살고자 하는 사람들에게 도움이 되는 메시지와 훈련법들도 가득하다.

중독으로부터 회복에 이르는 길
어떻게 나쁜 습관을 멈출 수 있을까

프레드릭 울버튼 · 수잔 샤피로 지음 | 값 16,000원

나쁜 습관은 아무리 사소해보이는 것일지라도 삶을 황폐하게 만들 수 있다. 우리는 마약이나 술, 담배뿐만 아니라 쇼핑, 스마트폰, 온라인게임, 운동, 일, 성형, 종교 등 일상에서 즐겨하는 활동에도 중독될 수 있다. 이 책은 당신 삶이 중독으로 인해 서서히 병들어 가는 것을 막고 건강한 삶으로 돌아갈 수 있는 길을 제시한다. 풍부한 사례와 현실적인 조언, 전문적인 지식을 제시하는 해독제와 같은 책이다.

우리 문화와 자화상을 있는 그대로 보자!
정신분석으로 본 한국인과 한국문화

이병욱 지음 | 값 17,000원

이 책은 인간심리를 이해하는 유용한 도구인 정신분석으로 한국인과 한국문화를 분석한 역작이다. 저자는 우리의 역사 및 사회적 현상과 관련된 내용들을 분석적으로 탐색해 개인적·집단적 현상을 심리저으로 개체서히고, 그것에서 비롯된 다양한 문화적 코드를 읽어내고 있다. 이 책을 통해 왜곡된 우리문화와 자화상을 똑바로 볼 수 있게 될 것이다.

외상 후 스트레스 장애(PTSD)에서 벗어나는 법
내 인생을 힘들게 하는 트라우마

바빗 로스차일드 지음 | 김좌준 옮김 | 값 16,000원

신체가 외상 사건을 어떻게 처리하고 기억하며 지속시키는지부터 상처를 진실되게 마주하고 기억해내는 상세한 치유 과정에 이르기까지 트라우마 이론과 치유에 관한 모든 것을 담았다. 이론과 치유 현장 사이의 괴리를 좁히며 미국뿐만 아니라 전 세계에서 트라우마 치유의 대표적 베스트셀러로 자리매김한 책이다.

자기 자신과의 화해를 위한 철학카운슬링
진짜 나로 살 때 행복하다
박은미 지음 | 값 15,000원

인생은 자신이 깊이 빠져 있는 문제에 대해 어떤 태도를 취해야 할지 배우는 영혼의 진화학교다. 이 영혼의 진화학교에서는 자신의 마음을 들여다보고 진정한 마음의 주인이 되어야 비로소 '진짜 나로 사는 행복'을 누릴 수 있다. 이 책에서 저자는 심리학적 설명을 바탕으로 두고 철학적 성찰력을 통해 삶의 방향을 잡도록 조언해주고 있다.

예술감상의 진입장벽을 허물어주는 가장 쉬운 입문서
예술감상 초보자가 가장 알고 싶은 67가지
김소영 지음 | 값 18,000원

저자는 단순히 문화예술계를 취재하면서 느낀 여러 단상을 늘어놓기보다는 어떻게 하면 관객이 더 생각의 가지를 뻗어 공연을 즐기도록 할 수 있을까를 고심하며 이 책을 집필했다. 장르별로 전문서적은 넘쳐나지만 예술 전반에 대한 책은 거의 없는 상황에서 이 책은 예술감상 초보자들에게 예술장르를 아우르는 가장 쉽고 재미있는 가이드북 역할을 할 것이다.

새로운 풍경사진의 세계를 상상하고 담는다!
춘우 송승진의 풍경사진 잘 찍는 법
송승진 지음 | 값 18,000원

이제 풍경사진은 카메라가 있고, 인터넷으로 출사지를 검색하기만 하면 누구나 찍을 수 있다. 하지만 흔해진 만큼 아주 특별한 사진도, 풍경도 없어졌다. 이 책의 저자는 아름다운 곳을 찾아 찍는 것이 풍경사진이라는 생각에서 벗어나 자신만의 느낌과 개성과 이야기를 담는 노하우를 알려준다. 또한 생각과 상상을 달리하는 법을 알려줘 같은 곳을 찍어도 전혀 다른 사진을 담을 수 있도록 도와준다.

죽기 전에 한 번은 유럽의 미술관들을 찾아 떠나라!
잊지 못할 30일간의 유럽 예술기행
최상운 글 · 사진 | 값 16,000원

이 책에 나오는 미술관들은 감히 유럽의 수많은 미술관들 중에 가장 알찬 곳들이라고 말하고 싶다. 최고 수준을 자랑하는 미술관들은 거의 모두 다루고 있다고 해도 과언이 아니기 때문이다. 독자들이 책을 보면서 발걸음이 가볍고 여유 있게 즐거운 여행을 했으면 한다. 사진작가인 저자의 빼어난 사진을 감상하는 것도 이 책의 또 다른 별미다.

보석처럼 빛나는 유럽의 변방 도시들을 찾아서!
유럽의 변방을 걷다

최상운 지음 | 값 17,000원

이 책은 고도의 발전으로 빽빽한 중앙부가 아닌 낯선 변방의 매력을 찾아보고 느껴보는 색다른 유럽 여행기다. 유럽의 변방 도시 19곳을 통해 유럽의 숨은 매력, 진정한 유럽의 모습을 비로소 만날 수 있을 것이다. 이 책에서는 한 나라의 수도나 중심도시가 아닌 이른바 지방, 주류가 아닌 비주류에 속하고 특유의 문화를 발달시킨 도시를 소개한다.

좋은 사진을 찍기 위해 행동하고 고려할 것들
누구나 쉽게 이해하는 사진강의노트

김성민 지음 | 값 16,000원

이 책은 사진의 기술적인 부분보다는 작품 행위와 관련한 다양한 주제들을 다룬다. 사진의 기술서가 난무하는 디지털사진 시대에 전통사진의 가치와 의미를 언어로 풀어서 전해주며, 최고의 사진은 뛰어난 장비와 테크닉이 아니라 사진의 생활화에 있음을 알려준다. 이 책의 구성은 입문자에게는 든든한 가이드가, 중급자에게는 그동안의 작업 방식을 재인식하는 계기가 될 것이다.

마음을 다스리면 행복은 저절로 온다!
내 마음이 도대체 왜 이럴까

이현주 지음 | 값 14,000원

우리는 마음이 편치 않을 때 술을 마시거나 운동을 하지만, 그럼에도 불구하고 여전히 마음이 편치 않을 때가 있다. 이럴 때 이 마음을 어떻게 다스려야 할까? 심리학박사인 저자는 이 책에서 많은 사람들에게 고통을 안겨주는 대인관계, 감정의 다스림, 내면적 갈등, 일과 개인생활의 균형에 대해 아낌없이 조언하고 있다.

스마트폰에서 이 QR코드를 읽으면
'소울메이트 도서목록'과 바로 연결됩니다.

독자 여러분의
소중한 원고를 기다립니다

⭐ 소울메이트는 독자 여러분의 소중한 원고를 기다리고 있습니다. 집필을 끝냈거나 혹은 집필 중인 원고가 있으신 분은 khg0109@hanmail.net으로 원고의 간단한 기획의도와 개요, 연락처 등과 함께 보내주시면 최대한 빨리 검토한 후에 연락드리겠습니다. 머뭇거리지 마시고 언제라도 소울메이트의 문을 두드리시면 반갑게 맞이하겠습니다.